मौक्तिकम्

पुस्तक प्राप्ति स्थल

1. श्री सम्यग्ज्ञान विराग विद्यापीठ
   दि. जैन मन्दिर
   कीर्तिस्तम्भ परिसर
   भिण्ड (म.प्र.)
   मोबाइल : 9754803222

2. तीर्थंकर शासन सेवा समिति
   गया (बिहार)
   मोबाइल : 9334645381

मौक्तिकम्

(काव्य-मणिमाला एवं सम्बोधि-सूत्र)

कृतिकार

मुनि विशल्यसागर

सामग्री-संयोजन

ब्र. अलका दीदी

ब्र. भारती दीदी

अंग्रेज़ी अनुवाद

जितेन्द्र जैन छावड़ा

C.A. राँची

वाणी प्रकाशन

वाणी प्रकाशन

4695, 21-ए, दरियागंज, नयी दिल्ली 110 002

फ़ोन : +91 11 23273167 फ़ैक्स : +91 11 23275710

शाखाएँ

अशोक राजपथ, पटना 800 004, बिहार

कॉफ़ी हाउस कैम्पस, महात्मा गांधी मार्ग, इलाहाबाद 211 001, उत्तर प्रदेश

महात्मा गांधी अन्तरराष्ट्रीय हिन्दी विश्वविद्यालय, वर्धा 442 001, महाराष्ट्र

www.vaniprakashan.com
marketing@vaniprakashan.in
sales@vaniprakashan.in

Mauktikam
(Kavya-Manimala Evam Sambodhi-Sootra)
by Muni Vishlyasagar

ISBN : 978-93-5518-126-8
Poetry Collection

प्रथम संस्करण 2022
प्रकाशित प्रतियाँ 1000

मूल्य : ₹ 400

आर. टेक ऑफ़सेट प्रिंटर्स, दिल्ली-110032 में मुद्रित

वाणी प्रकाशन का लोगो मक़बूल फ़िदा हुसेन की कूची से

पुण्यार्जक

श्री जयकुमार/त्रिशला देवी गंगवाल
राँची, पटना रोड
चन्दक कॉम्पलैक्स
श्रीराम अपार्टमेंट (प्रथम तल)
झूमरी तलैया-825409 (कोडरमा)

श्री अभय कुमार/बीना जैन काला
डॉ. वजीर अली रोड
धामी टोला
एचडीएफसी बैंक के सामने
गया-823001 (बिहार)

•

परम पूज्य सर्वोदयी महाश्रमण राष्ट्रसन्त गणाचार्य

श्री 108 विरागसागर जी मुनिराज

परम पूज्य सर्वोदयी महाश्रमण राष्ट्रसन्त गणाचार्य

श्री 108 विरागसागर जी मुनिराज

मंगल-आशीष

ॐ

"णाणज्झयणं सदु धम्मं" र. सा.

धर्म-ध्यान और जिनवाणी का अध्ययन स्वाध्याय साधुओं का मुख्य धर्म है।

ज्ञानध्यान तपोरक्तः तपस्वी स: प्रशस्यते र. श्रा.

उपरोक्त ज्ञान और ध्यान रूपी तपों में तल्लीन रहने वाले तपस्वी साधु गण प्रशंसनीय हैं। माने जाते हैं।

श्रमण मुनि विशल्य सागर जी इसी गाथा-श्लोकों की प्रतिच्छाया हैं। जो अल्पवयता में भी अपने समय और उपयोग का सदुपयोग करते हुए हित-पर हितकारी साहित्य का सृजन करते हैं।

उनके इस कार्य के लिये मेरा हार्दिक शुभाशीष है। वे निरंतर रत्नत्रय की सम्यक् साधना-प्रभावना में वर्द्धमान रहें।

ॐ नमः

5/11/07 2547

[illegible]

अन्तर्लोक-प्रदीपिका अद्भुत कृति

श्रमण-संस्कृति के गौरव, तपस्वी, मनस्वी, बहुश्रुत साधक सन्त मुनि श्री विशल्यसागर जी बहुसर्जक, दार्शनिक मनीषी हैं। संयम साधना की तपोभूमि पर स्थित होकर अनुभवों व संवेदना की क़लम से उन्होंने अपने चिन्तन-मनन की अमृत बूँदों को प्रवचन, काव्य, सूत्र, अनुवाद, टीका आदि अनेक रूपों में समेटकर श्रद्धा व समर्पण का सागर बनाया है।

मुनि श्री की भाव-धारा अपने आराध्य गुरु गणाचार्य श्री विराग सागर जी के पावन चरणों के प्रक्षालन से ऊर्जस्वित होकर उनके वरद-आशीष से संचालित होती है।

प्रस्तुत कृति काव्य एवं सूत्रों के मणिकांचन योग का प्रणम्य प्रस्तुतिकरण है। उन्हें आत्मकल्याण के साथ-साथ जनकल्याण की भी अकांक्षा है। उनकी तपोमय दिव्य शक्तियाँ, सात्विक वृत्तियाँ शब्दायित होकर जब कविता का रूप धारण करती हैं तब लेखनी लिखती है–

मैं वही हूँ दीप
उसकी ज्योति भी मैं हूँ
खोल मन के नयन देखो
मैं तुम्हारे साथ ही हूँ।

पाठक को आत्मबल और विश्वशान्ति एवं उत्साह प्रदायक ये भाव कभी कहते हैं–

बूँद में सागर का सम्पूर्ण सार
विद्यमान रहता है
एक बूँद को समझ लो
सागर समझ आ जाता है।

प्राचीन काल से ही ऋषि, मुनि, दार्शनिक, बुद्धिजीवी, अनुभवी विद्वज्जन के चिन्तन-नवनीत से प्राप्त अनुभव-सूत्र उच्च आध्यात्मिक भूमि पर प्रतिष्ठापित होकर चेतना को ऊर्जस्वल बनाते रहे हैं। मानव को श्रेष्ठतम एवं सद्गुणी बनाने में इनकी महनीय एवं निर्णायक भूमिका है। ये सूत्र अल्पकालिक अनुभव एवं अध्ययन का परिणाम नहीं होते, अपितु स्वयं के भीतर सद्गुणों की सैद्धान्तिक एवं व्यावहारिक ज्योति जलाकर उसके प्रकाश में निन्तर गतिमान रहना पड़ता है।

पूज्य मुनि श्री विशल्यसागर जी महाराज परम तपस्वी, मनस्वी साधक सन्त हैं। उन्होंने गुरु परम्परा से प्राप्त ज्ञान-गंगा में अवगाहन कर अपनी वाणी और लेखनी को दिव्य बनाया है, तभी सूत्र संरचना और काव्य की मणिमाला जन-जन का कण्ठहार भी बनती है तथा सबको आकर्षित व चमत्कृत करती हुई हृदय पर बोधि और सम्बोधि के नये लेख लिखती है। द्रष्टव्य है–

हे मित्र! होश और बोधपूर्वक जीना सीखो, सहजता से जिओ, आरोपित जीवन नहीं, केवल होश और बोध हमारे हाथ में है तो हर कठिनाई एवं मुसीबतो से सहज ही पार हो जायेंगे।

एक सूत्र देखिए–एक ही भाव कैसे शुभ और अशुभ हो जाता है–

"क्रोध भी तब पुण्य बन जाता है जब वह धर्म और मर्यादा के लिए किया जाता है और सहनशीलता भी तब पाप बन जाती है जब वह धर्म और मर्यादा को बचा न पाये।"

ऐसे ये बोधगम्य सूत्र एवं कविताएँ जीवन की दशा और दिशा को सुव्यवस्थित रखने के लिए दीप भी है और दर्पण भी। युवा पीढ़ी को संस्कार पथ पर अग्रसर करने वाले ये सूत्र और काव्य-मोती अमूल्य धरोहर हैं।

हम गुरु चरणों में नमन करते हुए उपकृत भी हैं कि उन्होंने काव्य-मणिमाला एवं सम्बोधि-सूत्र के रूप में ऐसी स्तुत्य कृति प्रदान की जो जिनालयों में भी और शिक्षालयों में भी स्थापित होगी। ऐसी जीवन दिशावाहिनी कृतियाँ ही कालजयी होती हैं तथा सदा सर्वदा आत्मतोष प्रदान करती हैं। पुनः गुरु चरणों में कोटिशः नमोऽस्तु।

विनयावनत

डॉ. नीलम जैन
विजिटिंग स्कॉलर SJSU (अमेरिका)

एच-210, डैफोडिल्स
मगरपट्टा, पुणे-411013

अनुक्रम

खण्ड-1

खण्ड-2

आशीष की चाह

जिस आत्मा-दृष्टि से
निज दर्श मिला,
जिस मन्त्र-स्रष्टा से
जीवन्त मन्त्र मिला
जिसने दिग् दिया
दिशाबोध भी दिया
जिसने पथ भी दिया
पाथेय भी दिया,
जिसने आस-श्वांस
और परम विश्वास भी दिया,
जिसने सत्य-मन्तव्य
सन्तत्व-गन्तव्य भी दिया,
जिनके कोमल कर-पल्लवों से
मम जीवन पोषित हुआ,
मोहराग का प्रताप शोषित हुआ,
जिनके कर-स्पर्श से
अनुशासनमयी साँचे में ढला,
संयमित घट बना,
जिनकी पीयूष वाणी।
निजत्व केशरी जगा
असत्य-असंयम का गीदड़ भगा
उस गारव रहित/गौरव सहित

गुणों का आगर-वात्सल्य का सागर
सौम्य, समता-कुंज, विराज-पुंज
आचार्य प्रवर-मम गुरुवर के
सुखद चरणारविन्द में।
त्रयय भक्ति रत
कोटिशः नत,
शीश यह करता
भावांजलि अर्पित।
संयम प्रखर मुक्ति-शिखर की चाह
अरु, अविरल-निरन्तर
निजानुभव धारा-प्रवाह
अन्तस्थ अवगाहन हेतु,
आशीष चाहता है

हे गुरुवर!

मैं तुझसे प्रीत लगा बैठा,
मैं चातक हूँ तू बादल है,
मैं लोचन हूँ तू काजल है,
मैं आँसू हूँ तू आँचल है,
मैं पपीहा हूँ तू मसीहा है,
मैं प्यासा हूँ तू अमृतजल है।
तू चाहे नादानी कह ले,
तू चाहे मनमानी कह ले,
जिसने भी मेरा परिचय पूछा,
मैं तेरा नाम बता बैठा।
मैं तुझसे प्रीत लगा बैठा।
तू चाहे पागलपन कह ले,
तू चाहे पूजन कह ले।
अन्दर में जब भक्ति जगी,
मैं तुझको शीश झुका बैठा
मैं तुझसे प्रीत लगा लगा बैठा।
मैं अब तक जान न पाया हूँ?
क्या तुझसे मिलने आया हूँ?
तू मेरे दिल की धड़कन है,
मैं तेरे दर्पण की छाया हूँ,
तू चाहे तो सपना कह ले,
या अनहोनी घटना कह ले।

मैं जिस पथ से भी चल निकला,
मैं तेरे दर पर आ बैठा।
मैं तुझसे प्रीत लगा बैठा।
ये नेह दिया का तेल नहीं,
दो चार घड़ी का मेल नहीं
यह तो युग-युग का बन्धन है,
कोई गुड़ियों का खेल नहीं है।
तू चाहे दीवाना कह ले,
या अल्हड़ मस्ताना कह ले।
मैंने जो भी रेखा खींची,
तेरी तस्वीर बना बैठा
मैं तुझसे प्रीत लगा बैठा।
बिछोह की पीड़ा मैं सह न सकूँ,
कुछ कहना चाहूँ कह न सकूँ,
ज्वाला बन कर भी रह न सकूँ,
आँसू बनकर भी कह न सकूँ,
तू चाहे रोगी कह ले,
या मस्ताना जोगी कह ले,
मैं तुझे याद करते-करते,
अपना होश गँवा बैठा।
मैं तुझसे प्रीत लगा बैठा।
हे गुरुवर! तुझसे नेह लगा बैठा,
तेरे गीत निज में बसा बैठा।

मुक्ति-प्रदीप

मैं सच कहता हूँ
अर्क-सा
प्रताप है
तुझमें
पर
आतप/सन्ताप
नहीं है
समष्टि को,
दिशा-बोध
देता तू
तुझ में
ताप, पाप
नहीं है
इन्दु-सम
शीतलता है।
पर तुझ में दाग नहीं है।
जग को
मोहित/आकृष्ट
करता है
तू,
किन्तु राग
नहीं है

जैनागम के राजहंस

ओ जिनागम के राजहंस!
तुम विमल सरोवर से आये हो,
अपने साथ न जाने तुम कितनी
पावन निधियाँ लाये हो।
मानसरोवर के उज्ज्वलता,
गंगा की शीतलता,
हिमगिरि की ऊँचाइयाँ,
सागर की परम गहनता।
बहा रहे वात्सल्य की सुरभि तुम,
सबको आत्म-विभोर करते हो।
कोई नहीं पराया सब अपने,
जन-जन के उर तुम हो।
हम सबके दिल जीत,
जहाँ तुम जाओगे वहीं,
भौंरे जैसा विराग कमल
हमको तुम पाओगे।
सदा अमरता चूमेगी,
उड़ो-उड़ो रे राजहंस!
हम साथ उड़ेंगे,
नहीं कहीं भी तुम्हें
अकेला रहने देंगे।
हे गुरुवर! विराग पुष्प,

जब भी तुम फैलोगे
खुशबू बनकर मैं महकूँ
बस यही भावना मेरी।
चरणों की रज बनकर मैं पग-पग पर
उड़ता जाऊँ।
चरणों में अरज यही मेरी,
मैं रज चरणों की बन जाऊँ

गम्भीरता

हे साधू!

तेरी महिमा/गरिमा
धैर्यता/गम्भीरता,
जब शास्त्रों में सुनते हैं,
तब दृष्टि में तेरे गुण दिखते हैं,
मन प्रमुदित हो
खिल उठता है
कि
हे अचल अकिंचन
हो शिव सुखधामी,
आगम्य बोध हो
समयसार कवि
समदृष्टि-सुयोग
सागर सम उपमाधारी हो
क्योंकि
साधु गुणों में होता है,
सागर सम महान्।
हे रत्नाकर!
तेरी गोद में/आगोश में
भिन्न-भिन्न जाति के
रत्न ही नहीं,
जलचर भी रहते हैं।

तेरे वक्षःस्थल पर
बड़े-बड़े जलयान
द्रुतगति से,
वक्षःस्थल चीरकर चलते हैं
फिर भी तू,
इतना गम्भीर/गहरा
विशाल हृदयी
समत्व में पगा
न रत्नों से नेह
न जलचरों-जलयानों
से विद्वेष।
पवन भी कोशिश करता है,
तेरी मर्यादा तोड़ने की
तरंगों के बहाने
पर तुझने कभी गम्भीरता नहीं छोड़ी
ऐसे ही–
सागर-सम मर्यादा वाले
होते हैं, साधु-मुनिजन।
इसीलिए
उनके दर्शन के लिए
अहर्निश खुले रहते नयन,
क्योंकि
गम्भीरता ही साधु का गहना है,
बस, आगम का यही कहना है।

वही सन्त होता है

मैं सच कहता हूँ
जिसके अन्तस् में
करुणा/वात्सल्य,
आचार/करनी में,
अहिंसा।
विचारों में,
सत्वेषु मैत्री
भावों में शुचिता,
कथनी में सरलता,
आचरण/उच्चारण में
अनुवीची भाषण,
जीवन में निष्परिग्रहता
और क्रियाओं में
विवेक होता है,
वही तो
सन्त होता है।
अधिक क्या कहें,
मानव होकर भी
जिन भेष में,
अरहन्त/भगवन्त होता है।
बढ़ते पकड़े आस्था का
चल रहा हूँ,

कौन जाने
पहुँच पाऊँगा
सरे मंजिल,
कि भटका
ही करूँगा।
आज क्या है?
दुःख भरी लम्बी कहानी
कल न जाने
क्या लिए
बैठा हुआ हो
दर्द
या चैन भी कुछ
शान्ति भी कुछ
अनवरत अनुराग का,
प्रतिदिन भी कुछ।
श्रमित तन कहता,
कि रुक जाओ,
तनिक विश्राम कर लो।
हे हो लो।
किन्तु ढलता जा रहा है दिन
उतरती आ रही है रात,
मंजिल का पता
अब भी नहीं है।
चलो पग
बढ़ाओ पग/बढ़े चलो,
न मिले जब तक मुकाम।

नयन-ज्योति

प्रभु से प्रीति
है सत्य नीति,
दिलाती आत्म-प्रतीति।
है नयन-ज्योति
यही खरी-चोखी,
दुनिया में अनोखी।
हाँ प्रभु के प्रति
प्रीति का हृदय में वास है,
प्रतीति पास है,
पर्याप्त है यह।
अब,
नयन-ज्योति
चली भी जाये,
कोई चिन्ता नहीं
किन्तु,
कहीं ऐसा न हो।
प्रभु,
स्तुति के पर्व,
नयन-नीर
कम पड़ जाये
ज्योति बुझ जाये।

महानता से महापुरुष

मैं सच कहता हूँ
कि
महानता से महापुरुष होता है।
वही
समष्टि-कल्याण के बीज बोता है।
तभी कहा है
कि
महापुरुष
स्व-पर उत्थान में समय देते हैं,
अपने को छिपाकर
दूसरों को प्रकाश दें
ऐसा हो नहीं सकता।
क्योकि
अर्क, आलोक प्रदान करे यहाँ
और छिपा रहे कहीं
ऐसा हो नहीं सकता।
आलोक के साथ
अर्क (रवि) भी दिखता ही है।
वैसे ही महापुरुष,
आलोक में आये बिना नहीं रहते।
हाँ
आलोक में/यशलोक में वे स्वयं

आना नहीं चाहते,
यही उनकी महानता है
और
उनकी मौलिक विशेषता है।
उन्होंने अपनी
इच्छाओं को जीता,
तभी तो वे महापुरुष हुए।

श्रद्धा का प्रवाह

यह सच है
कि
श्रद्धा का प्रवाह,
असीम की ओर होता है।
यदि
वह श्रद्धा समीचीन हो
तो समर्पणता से संगम पाती है
और
अमृत के रूप में,
फलवती होती है।
पर
विवेक बिन,
श्रद्धा अन्धी होती है,
जिससे विष का
मूलबीज
फलित होता है।
अतः
हे मीत!
तुम अपनी समीचीन श्रद्धा,
व्यक्त करो।
समर्पणता से
प्रतिष्ठा बढ़ती है

और
चैतन्य चिरन्तन ज्योति जलती है।
बस
यही श्रद्धा फलती है
चारों ओर से।
खुलें ज्ञान-चक्षु
उस श्रद्धा-रस को,
पीते नहीं अघाते हैं।
क्योंकि
अनन्त श्रद्धा का
स्रोत जो उमड़ा है,
उसे कौन पी सकता है?
वही जिसमें
तर्क-कुतर्क की धारा न हो।
बस हो,
अरुणि, उपमन्यु, चन्द्रगुप्त
जैसा समर्पण।

वचन और प्रवचन

वचन और प्रवचन,
दोनों में बड़ा अन्तर है।
प्रवचन में व्यक्ति
किसी वियष के
बन्धन में नहीं होता,
जो आता है सो गाता है
यानि
प्रवचन में व्यक्ति अपनी भावनाएँ
उड़ेलता है,
स्वतन्त्र रूप से।
आचरण-शून्य वार्ता भी,
प्रवचन का रूप हो सकती है।
लेकिन वचन में व्यक्ति
बँध जाता है, किसी
सीमा-मर्यादा की रेखा में।
जिसके आगे भी
विश्लेषण होते हुए
कभी-कभी
वचनों को बीच में ही
विराम देना होता है।
वचन पालना
आचरणशील चर्या में ही,

सम्भव हो सकता है।
तभी तो
साधुओं की चर्या में
एक 'वचन गुप्ति' का विधान है।
सारांश यह है
कि
प्रवचन देते तो बहुतेरे हैं,
वचन पालने वाले कोई विरले हैं।

अवनि और जलधि

अवनि निरपराध है
धैर्य क्षमा स्वरूप है,
और
जलधि सापराध है
अधैर्य-क्रोध स्वरूप है।
समुद्र की परीक्षा होती है।
एक कंकण डालते ही
वह क्रोध से
तरंगित हो उठता है
और
अवनि जिस पर
सबका जीवन पलता है,
सबका भार वहनता है,
क्षमा, गुण को नहीं छोड़ती।
सच है,
सब तरह से
पालने वाला ही तो,
क्षमा गुण वाला,
सबसे बड़ा कहलाता है।

पाओ मुक्ति

हे मीत!
बताओ,
खोज किसकी करना है,
मुक्ति या
मुति की।
नहीं...नहीं...मुक्ति।
खोओ भुक्ति,
पाओ मुक्ति।
मुक्तिवत-जिन सूक्ति
जलाओ दीप श्रद्धा का।
उगाओ सूर्य पुरुषार्थ का।
जगाओ निजत्व-शक्ति,
करो निजात्म भक्ति।
लगाओ विराग वन,
विराग-जलधि में डुबकी।
पाओ उसे आखिरी
साँस तक देगा साथ।
बस यही आस
करो मोह तज, राग-विनाश।
होगा तेरा विकास,
पा जायेगा मुक्ति का पास।
शाश्वत होगा शिव सौख्य वास,
यदि होगा तेरा संयम में वास।

आस्था की गहराई

अवनि से
प्रस्फुटित नवजात पौधा।
आकाश को
छूना चाहता है
और
धरती माँ से पूछ रहा है,
कह रहा है—
माँ
मुझे छोड़
मेरा विकास
थमा।
प्रमुदित मना
माँ बोली जरा
आसमां का छूने
के पर्व,
मेरी गहराई पा,
जमा गहरे कदम,
तभी तू आसमान पायेगा।
आसमान छूना आसान नहीं
जब छुयेगा,
गहन गहराइयों में
होगा तेरा विकास।
बस आत्था की गहनता
ही तेरा विकास

जितना प्रेम प्रिया से

हे पुरान!
इस सच को तू जान/पहिचान
विषय-भोगों को पाने के लिए,
रोकर
पाप बीज बोकर
परमार्थ में सोकर
दिन-रात,
कितनी शक्ति
ख़र्च कर रहा है।
शायद एक बार भी
इस प्रकार से
प्रभु-भजन
प्रभु-प्रेम में रोया होता,
भक्ति-बीज बोया होता
तो मानव से महामानव
बन गया होता कभी का।
ऐसा ही तो
विज्ञ जन कहते हैं।
कि
जितना प्रेम-प्रभु से हो।
फिर देरी किस बात की
उसी क्षण में मुक्ति हो।

जीवन का उद्धार

मैं सच कहता हूँ
हमने उपदेश तो
बहुत से सुने
पर
अन्तस्थ में नहीं बुने।
क्योंकि
उपदेशों को सुना तो है
कर्णप्रिय बनाकर,
पर
विवेक-ज्योति जलाकर नहीं।
जो कुछ अभी तक सुने
सब तर्कगत द्वन्द्वात्मक
मनोरंजनात्मक सुने,
और ऐसे ही चुने।
आत्मा भावात्मक नहीं
हृदय में,
तल्लीनता से भी सुने कुछ क्षण शान्ति
हेतु,
मगर
आस्तिक्य परिणति में
तन्मय होते हुए,
आत्मा से कभी नहीं सुने।

अगर एक बार भी
आस्तिक्य भाव से
सुना होता,
अन्तस्थ में गुना होता श्रद्धा से,
तो हो गया
सबका बेड़ा पार,
जीवन का उद्धार।

वह ज्योति तुम्हीं हो

खोल मन के नयन देखो—मैं तुम्हारे
साथ ही हूँ।
आस्था हूँ
साधना हूँ
अर्चना/आराधना हूँ।
खोल मन के द्वार देखो
मैं तुम्हारी आत्मा हूँ।
अनल हूँ मैं,
अनिल हूँ मैं,
व्योम हूँ
जल स्रोत हूँ मैं
श्वाँस हूँ/उच्छ्वास हूँ मैं।
प्राण वन
तुम में निहित हूँ।
रम रहा
तुम में अलग हूँ।
रम रहा
तुम में अहर्निश
मैं कहाँ
तुम से अलग हूँ
वेदना की चोट से
तुम

जब व्यथित हो
सान्त्वना की रागिनी
मन में तुम्हारे
छेड़ता हूँ।
अंश तुम हो
सर्व मैं हूँ
भ्रान्ति पट
है बीच में
उस ओर तुम
इस ओर मैं हूँ।
गहन अन्तर में तुम्हारे,
धीर गति से
उसकी ज्योति भी मैं हँ।
खोल मन के नयन देखो,
मैं तुम्हारे साथ ही हूँ।

प्रार्थना

हे चैतन्य!
जीवन का लक्ष्य,
वासना नहीं
साधना है।
साधना की भावना ही,
परम प्रार्थना है।
यही प्रार्थना
बनती सम्यक् साधना,
कराती निज आराधना।
मिटाती विषय वासना
दिलाती सत्य भासना,
दृढ़ करती लक्ष्य भावना।
जब होती निजानन्द संवेदना,
तत्क्षण विलीन होती दुखों की वेदना।
चिरकाल सन्तप्त वेदना
अतः हे चैतन्य!
भा ऐसी दिव्य भावना,
जिससे हो आत्मा-प्रभावना
किन्तु कभी मत करना,
पंचगुरुओं की अवहेलना।
सम्यक्त्व की विराधना
चारित्र की आसादना

क्योंकि
इतनी अवमानना/आसादना
ही नियोत्थान की विराधना है
और है स्वयं की आसादना
तीर्थंकरों की यही देशना
कि ऐसी प्रवृत्ति से,
कुप्रवृति से,
तू भटकेगा : खायेगा
नरक निगोद की ठोकर।
बना रहेगा कर्मों का नौकर,
अरे तू कैसा जोकर
या तुझे स्व का भान नहीं,
निज का ज्ञान नहीं
हाँ यदि है
तो कर साधना।
मिटा वासना
भा निजात्म भावना,
यही सत्य प्रार्थना/साधना।

दृष्टि सम हो

सच कहता हूँ
हाथ में चिराग होना ही,
काफ़ी नहीं है
चिराग के प्रकाश को
देखने वाली
आँखें भी तो हों।
आँखे देखने वाली हों
यह भी काफी नहीं है
देखने वाली आँखों में
करुणा भी तो हो।
दृष्टि सम हो
और सम्यक् भी हो।

वैराग्य

जब हुआ,
राग का अनुमान।
मिला विराग का दान
प्रमुदित चेतन ने
किया श्रम
मिटा विभ्रम
जला चिराग
खिला विराग
भगा वासना का नाग
हुआ अनुराग
जलाई आग
जलाया राग
पाया विराग/वीतराग

सन्यास

मैं सच कहता हूँ
सन्यास की सच्चाई गढ़ता हूँ
योंकि
सन्यास कोई जड़ता नहीं
सन्यास कोई अक्खड़ता/कोई फक्कड़ता नहीं,
बहुमुखों से यही सुना था,
विश्वस्त हो यही गुना था।
सृष्टि से नाता तोड़ना,
वन की ओर मुख मोड़ना।
सन्यास है,
पर, जब
गुरुशरण मिली
कर्म-क्षरण की निधि मिली।
मुक्ति गमन की विधि,
बोधि मिली।
तो पाया कि
सन्यास का अर्थ गहरा है।
शायद भोगी जगत् बहरा है
ठीक पूर्व से परे
विश्वास हुआ
सम् न्यास
यानि समकत/संयम/समत का

अहसास
हुआ।
कि बिना भेदभाव के,
बिना खेद भाव के,
एक साथ
सबके साथ
साम्य समत्व से नाता जोड़ना।
बहिर्मुखी दृष्टि को छोड़,
निज की ओर मोड़ना।
अहं की तोड़
अहं को जोड़ना ही,
सच्चा सन्यास है।

होगा मुक्ति गमन

हे चैतन्य!
सत्य का वरण ही,
सम्यक्करण है
और यही
चरण/वरण
मिटाया जीवन मरण,
दिलाया आत्मा-शरण
कराया कर्मों/देखों का क्षरण।
क्योंकि
सत्य ही जीवन की है परम प्यास,
जिस पर टिकी मुक्ति की आस।
जिसको है ऐसा विश्वास,
उसी का हर पल विकास
और उसी का होता आत्मा-वास।
यानि निज में प्रवास।
तब तत्क्षण होता कर्मों का नाश
और होती दुनिया तेरी दास
जब तू होता मुक्ति रमा के पास।
हे चैतन्य!
सत्य का कृत्य,
हो तेरा नृत्य।
इसी का तू भृत्य,

यही सच्चा मित्र।
जो तेरे जीवन का उपकृत,
यही तेरा सुकृत।
छोड़ सभी अकृत/दुष्कृत्य,
क्यों करता जीवन विकृत।
सत्य की साया
ही है सत-छाया।
जो भी इसकी शरण आया,
उसी ने मुक्तिप्रिया को पाया।
अतः छोड़ दुनिया की माया,
इससे तूने दुरुखों को ही पाया।
या तुझे सत्य का भान नहीं?
स्वयं का स्वयं को ख़याल नहीं?
क्योंकि तू स्वयं को भूला,
व्यर्थ के अहं में फूला।
जाग!
मिटा अहं की आग,
यही तेरा सच्चा त्याग।
अतः कर सत्य का वरण,
होगा कष्टों का क्षरण।
मिलेगी समाधि मरण,
होगा मुक्ति गमन।

संकल्प-पल

माटी को अब,
बस गलाना है
मात्रानुसार ही,
उसमें जल मिलाना है,
यह संकल्प जब
कुम्भकार का है,
जो सभी का इष्ट है,
क्योंकि माटी को बिना फुलाये,
भूत को बिना भुलाये,
क्या बन सकता है घट?
तभी तो
भूत की विस्मृति,
वर्तमान का निर्माण है,
भविष्य का निर्वाण है।
जब-जब मन
अतीत की आतंकित
झाँकियों में खोया है,
तब-तब
सुबुक-सुबुक बहुत रोया है।
भूत ने हमेशा
एक दर्द भरी सिहरन पैदा की है,
प्रशान्त चित्त को भी,

घबराहट दी है।
भूत के विचारों ने
स्वयं को भुला दिया
और
पुरानी रेखाओं ने,
निजत्व को सुला दिया।
अतः हे मीत
भूल अतीत के कृत्य
संयम विरक्ति विराग का
पानी डालकर,
गलाना है, मिटाना है,
उन कृत्यों, दुष्कृत्यों को,
जिसकी कभी याद न हो।
बस, आगामी सुजीवन की
फरियाद हो।
लो! ऐसा संकल्प
कि अब,
असंयमित को मिटाना है,
संयमित जीवन बनाना है।

जय-पराजय

सच कहता हूँ
प्रायः ऐसा ही होता है
दूसरों की पराजय में,
हम हर्ष मनाते आये हैं।
दूसरों की पराजय के
हम मंगल गाते आये हैं।
लेकिन
अपनी पराजय में हम,
बस शोक मनाते आये हैं
और
अपनी विजय में हम,
मन में फूले नहीं समाये हैं।
लेकिन
वह समत्व का रूप
लाभ-अलाभ में,
निज परिणामों को
समान बनाकर,
समदृष्टि से सम्यग्दृष्टि बना लें
स्वयं को,
तभी मानव जीवन की
बहुमुखी महानता है।

जागो

हे पुमान्!
अब तो जाग,
क्यों पड़ा मुँह ढाँक।
रवि की उषा
खिल गयी,
शशि की निशा
विलय हो गयी
बन्द कलियाँ
प्रमुदित हो
खिल उठीं,
पक्षी प्रसन्नचित्त हो
चहचहा उठे,
हवाएँ
नीरव नृत्य करने
ठुमक-ठुमक
नाच उठीं।
प्रकृति ही नहीं
उषा के स्वागत को,
सारा जग जाग उठा,
प्रमोद भाव से।
और तू सो रहा
अँधेरा समझ,

दिन का न समझ!
कलरव करते हैं विहग,
प्रहरी पहरे पर हैं सजग!
अब तो खोल,
निज कमरे की
खिड़की-किवाड़ को।
न कोई ख़तरा है,
न कोई नखरा है,
फिर क्यों पड़ा है
किये बन्द द्वार!
अरे नादान!
आँखें खोल देख़ ले,
जीवन में,
स्वर्णिम प्रभात।

अतीन्द्रिय-सुख

इन्द्रिय सुखों में खोना
भावाटवी में रोना है
और
सतत पाप-बीज बोना है।
जिन लोगों का विश्वास
इन्द्रिय सुखों में खोया है,
उन्हें अतीन्द्रिय सुख की
आस्था में उद्भूति कहाँ?
लेकिन
यह भी विचारना होगा
कि
जब इन्द्रियजन्य स्वाद है
तब इससे परे,
अतीन्द्रिय आनन्द होगा ही।
पर
इसका अनुभव-रसास्वादन उसे ही
होता है,
जो इन्द्रिय सुखों से परागङमुख हों।
अध्यात्म की गहराई में
गोते लगाते हों भरपूर
और यह सत्य है जिन्हें इन्द्रियातीत
आनन्द में आस्था है,

उन्हें इन्द्रिय विषय
रचते नहीं हैं :
क्योंकि आचार्य पूज्यपाद की देशना में,
लक्षण लक्षित होते हैं
कि
तत्त्वज्ञानी की दृष्टि में
इन्द्रिय-भोगों की क्या कथा है?
''यथा-यथा समायाति
संवित्तो तत्त्वमुत्तम
तथा-तथा न रोचन्ते
विषयाः सुलभा अपि''
''यथा-यथा न रोचन्ते''
विषया सुलभ अपि
तथा-तथा समायाति
संवित्तौ तत्त्वमुत्तम्
और इसके विपरीत
विषय-भोग के लोलुपी को
यथार्थ तत्त्व का संवेदन कहाँ?
क्योंकि
अज्ञानी की परिणति में,
विषय भोग सुधा सम पीते हैं,
जबकि
ज्ञानी की दृष्टि में
विषय भोग कालकूट विषवत्।
अतः
रे मानव!
इन्द्रिय-सुखों को
दुःख मान, तज
और
अतीन्द्रियगम्य-आत्मसुख भज।

ध्यानाग्नि

ध्यान और अग्नि का
बहुत गहरा सम्बन्ध है,
क्योंकि
बिना अग्नि के,
ध्यान नहीं होता है।
यानि, बिन तप के,
ध्यान की सिद्धि नहीं।
जहाँ तप की शुरूआत
और
यह आगम सम्मत है बात।
जहाँ से ध्यानाग्मि प्रज्वलित है,
अष्ट कर्म जलकर ही
मिलता है मुक्ति-ठाठ।
अतः
उस ध्यान को ही
मनीषियों ने,
अग्नि-संज्ञा दी है
क्योकि
अग्नि का कर्म
जलाना है पर परिणति को,
खिलाना है
निज-प्रतिनिधि को

करो स्व-ध्यान

स्व-ध्यान
ही
आत्मिक अनुभूति है,
न कि परध्यान
क्योंकि
स्वध्यान और परध्यान
की क्रिया में भारी अन्तर है।
यह बात समझना,
स्थूल बुद्धि से परे है
और
एक बगुला भी ध्यान करता है
और
एक चातक भी ध्यान धरता है।
एक मांस-मछली का भूखा
मांसाहारी-दुराचारी।
एक स्वाती-नक्षत्र के जल की
बूँदों का प्यासा है।
शाकाहारी-सदाचारी,
लेकिन
एक बात विशेष है,
कि
ध्यान करना

और
ध्यानस्थ होना,
दोनों में अन्तर है।
ध्यान करने में
कर्तापने का भाव
उपयोग होने पर,
मात्र बहिर्मुखी होता है
जबकि
ध्यानी होने पर,
निश्चलता है,
उपयोग अन्तर्मुखी है।
किन्तु
आधुनिक अध्येताओं में
अध्यात्म की गहराई कहाँ,
मात्र उनके पास,
दार्शनिकता दिखावटी का रूप है,
जो बदलता रहता है,
समय-समय पर।
लेकिन अध्यात्म ध्रुव है
अविचल-निश्चल।
और यह ध्यान
योगीगम्य होता है,
न कि भोगीगम्य।

सल्लेखना

जीवन-मरण
लाभ-अलाभ
सुख-दुःख
शत्रु-मित्र
महल-श्मशान
कनक-कंकड़
इन सबमें
समदृष्टि जगाने से,
समता परिणाम जागते हैं
और
वही समत्व रूप-परिणाम
समाधि कहो, या
सल्लेखना,
सल्लेखना को वरते हैं।

भौतिकता से पतन

मैं सच कहता हूँ
इस संसार में जो कुछ दिख रहा है
वह सब जीव द्वारा पुद्गल का
आश्चर्यजनक आविष्कार है।
निरे भौतिक परमाणुओं के पुंज
जो स्वप्न सम विनाशी
क्षणिक सुख का मुख दिखा
दुःख के फन्दे में फन्दे में फँसा देते हैं।
और
कर्मों की बेड़ी में जकड़ाकर,
वे अपनी/जात/कृत्यों की बात,
अनेक दुःखों के साथ बता देते हैं।
इस पुद्गल चमत्कार के
स्वप्नों में खोया चेतन,
भौतिकता की तपन,
स्वयं का निरन्तर
कर रहा है—
पतन-पतन-पतन।

विचार करो!

हे चैतन्य!
जीवन-पृष्ठों पर
अंकित पुराने सम्बन्धों पर,
निज अर्जित कर्म-बन्धन पर,
विचार करो!
कभी सुख, कभी दुख
कभी सम्मुख कभी विमुख
कभी स्नेह कभी बैर
कभी संगम कभी विसंगम,
हिसाब करो पुराने सम्बन्धों पर।
किसी को क्या पता
अच्छे हैं या बुरे
खोटे हैं या खरे
छोटे हैं या बड़े।
क्योंकि औरों की तरह हम भी
संसार की गलियों में,
भटके-अटके-लटके
हिले-डुले
पले और हुए बड़े
अहं भाव में,
हुए खड़े।
उसी में सड़े-गले

किन्तु अहं फिर भी
न सड़ा/मरा।
अतः हे मीतः!
उसे सड़ाओ-गलाओ।
अहं सड़ते ही
होगी साधना-आराधना
फिर न होगी विराधना।
और होगा पुराने सम्बन्धों का
कर्मों/दुष्कर्मों का
खात्मा।
तभी होगा,
तेरा आत्मा
परमात्मा से मिलन और
बन जायेगा तू सिद्धात्मा/शुद्धात्मा।

करो स्वागत

पर्याये ये
चल आयु वाली हैं,
चल वायु वाली है।
न थिर
अपितु,
सागर सम लहरों जैसी
कुछ निचली निशासी,
कुछ उछली उषासी,
आती नहीं पकड़ में!
इसलिए
अब दृष्टि
नासा पर नहीं
अविनाशा पर धरो।
अतीत तेरा,
हुआ व्यतीत।
आया तेरा
अभ्यागत
अतः करो दृष्टि
करो स्वागत,
हटाओ आशा से दृष्टि।
निराशा छोड़
दिलासा जोड़।
दृष्टि जमाओ,
अविनाशा पर।

आत्म-मन्थन

हे मीत!
तेल
रेती से नहीं
तिल से
निकलता है।
मगर विधिवत्
निकालने से
नवनीत नीर-मन्थन से नहीं,
क्षीर-मन्थन से
निकलता है/निकलता ही है।
यथावत् निकालने से,
ये नीतियाँ/रीतियाँ
सब का ज्ञात हैं।
किन्तु सत्य क्या है?
असत्य क्या है?
हित क्या है?
अहित क्या है?
इनसे सब अज्ञात हैं।
सत्य-राह कहाँ ज्ञात है?
किसे ज्ञात है और ज्ञात भी हो
तो शाब्दिक मात्र
मुख मात्र।

आचारण नहीं, उच्चारण हैं।
यही तो
संसार का कारण है।
मत बनो
अहित पथ के पथिक,
अरे पगले!
जड़ का मन्थन नहीं,
आत्मा-मन्थन करो।
रमो! निज में,
जड़-तज
स्वयं में स्व को मथो,
निकलेगा
आत्मा नीर/क्षीर।
नीर तज कर
पीते रहना,
आत्मा शाश्वत क्षीर।

वासना नहीं साधना

वासना का विकास
मोह है
साधना का विकास
मोक्ष है।
एक जीवन को जलाती है,
अंगार है।
एक जीवन को जिलाती,
श्रृंगार है।
हे मीत!
अंगार तज,
करो जीवन का श्रृंगार।
वासना की जीवन-परिधि
अचेतन तन है, स्वयं का कफ़न है,
जिसमें अनवरत पतन है।
तन में तन्मय होना,
स्वयं को खोना है।
जबकि साधना केन्द्र में
जीवन होना, मुक्ति बीज
बोना है।
साधना चेतन का प्रकाश है
और वासना चेतनत्व का ह्रास।
अतः,
करो साधना!

रे चेतन...जागो

सच कहता हूँ
वासना के बिस्तर
कामना में प्रस्तर
छोड़े बिना,
भोगों से भाव मोड़े बिना
भक्ति का जागरण,
आस्था का अनावरण,
है कहाँ सम्भव!
रे चेतन जागो!
भोर होते ही
पक्षी चहचहा उठते हैं
प्रभात-लालिमा देखे
अनन्त आकाश की यात्रा
पर पग बढ़ा देते हैं।
भानु का उदय होते ही,
पथिक चलना प्रारम्भ कर देते हैं।
पर तू सो रहा है,
सब कुछ जानकर
विषयों के मद में,
क्यों मतवाला हो रहा है!
जागो रे जागो चेतन!
अपने हृदय के पट खोल

मोह के द्वार तोड़
छुप मत मिथ्या अहंकार में।
आस्था-आलोक में आओ
प्रकाश की ओर नजर मोड़ो,
रोशनी से अपना नात-जोड़ो,
आदत तम की छोड़ो।
ओ चेतन! जागो
गयी अँधेरी निशा,
अब तो छोड़ो मोह का नशा।
त्यागो कामना के प्रस्तर
वासना-बिस्तर,
आ रहा नया भोर,
छोड़ो मन के कलुष भाव
स्वच्छ करो मन
स्वच्छ गान,
गाओ नूतन प्रभाती
निद्रा छोड़ो रे गयी रात।
करो भक्ति का आभास।
निज में निज का वास
जिधर से आ रही सुगन्ध,
उधर, अपना मुख मोड़ दो।
जिसमें आ रही दुर्गन्ध,
उस भोग को छोड़ दो।
निर्वाण, भोग-पथ है।
योग-पथ है।
भोग भोगते-भोगते
मुक्ति-पाने की दुराशा
तुम छोड़ दो
जागो रे चेतन...जागो...!

दृष्टि

सच कहता हूँ
दृष्टि-दृष्टि में,
बहुत गहरा भेद हुआ करता है।
ज्ञानी की दृष्टि
किसी चैतन्य की
सृष्टि पर रहती है,
और
अज्ञानी की दृष्टि
मात्र पुद्गल की
विकृति पर रहती है।
यह सत्य कथिन अनुपान है
सब धर्मों का सार
एक ठोस,
धार्मिक विचार है यह।
लेकिन
चैतन्य सृष्टि की ओर
किसकी दृष्टि है
इस युग में।
क्योंकि
अज्ञानी की दौड़
और
भोगियों की होड़

रात-दिन रच रही
पौद्‌गलिक पाप की सृष्टि है।
सबके सब,
काया-माया के पीछे
दौड़ रहे हैं दिन-रात।
उसी का साज-शृंगार
चल रहा है बेहिसाब।
पुरुषार्थ की धारा
उसी की ओर
बह रही है, बे-अटक।
पर
चैतन्य की चर्चा
निजात्म की अर्चा,
नहीं भाती उन्हें कानों में।
क्योंकि
सतत जो वार्ता हो रही है
चेतना शून्य जड़की।
पर्युपासना हो रही है
तभी निजात्म की शक्ति
देह पतन की
वासना में, भोग-साधना में
पुद्‌गल की आराधना में
खो रही है।
लो ये दृष्टि है।
अज्ञानी मिथ्यादृष्टि की
पर सम्यग्दृष्टि ज्ञानी की दृष्टि,
इससे परे सन्देश सुनाती है
जो वैरागियों के मन को भाती है।
रे पुमान् !
जागो
और

भागो, निजत्व की परिणति में
भेद-विज्ञान की दृष्टि से देखो,
हेय क्या,
उपादेय क्या?
यह सीखो।
तजो भोग-वासना
करो निजत्व-साधना।

जो है अपना

मैं सच कहता हूँ
अपना वह है,
जिसे पाकर लगे
कि स्व को पा लिया।
इससे परे सब सपना है
और जिसे पाकर
लगे कि अपने को
खो दिया
व्यर्थ में पाप-बीज
बो दिया,
समझना वह
अपना नहीं
पराया है।
परायेपन में
अटका रहा
इसीलिए
भाव अटवी में
अटका रहा।
पर
अब नहीं अटकूँगा
क्योंकि
उसे ही जानूँगा/मानूँगा
जो है अपना
बस, उसे ही पाऊँगा।

उसके पहले सुना देना

मैं सच कहता हूँ
ज़िन्दगी के
साज पर
वह गीत गाओ,
जो न गाया हो कभी।
पुराने गीत गाते-गाते
अनेक वीणा टूट गयीं।
न जाने कितनी ज़िन्दगी बीत गयी,
मन थक गया,
वासनाओं के गीत सुनते-सुनते।
क्यों नहीं
साधना-संयम के स्वर सुनाते हो?
साँसों के तार टूटे
ज़िन्दगी की घड़ियाँ रीतें/बीतें
उसके पहले,
सुना देना/पिला देना
सत्य-साधना का गीत-संगीत।

सफ़र मोक्ष है

मैं सच कहता हूँ,
जीवन एक सफ़र
पुण्य और पाप
इन दो पहलुओं
में बँटा।
कभी पापोदय,
कभी पुण्योदय,
बस ये दो
बाजू ही,
इसके खिलौने हैं।
पापोदय में
जीवन दुःखी
पुण्योदय में
सुखी।
किन्तु
ध्यान रखो
यह वास्तविक
जीवन नहीं
इन दो पहलुओं से
ऊपर ऊठो।
जागो उक्त निज में झाँको,
तुम्हारा अन्तिम सफ़र मोक्ष है।

जरा सोच

चाहता हूँ
पुण्य यह,
गुलदान का मेरे
न मुरझाये/कुम्हलाये कभी।
देता रहे सौरभ सदा,
अक्षुण इसका
रूप हो,
पर यह कहाँ सम्भव
कि जो है आज,
वह कल कहाँ?
उत्पत्ति यदि,
अवसान निश्चित।
आदि है,
तो अन्त भी है।
अर्क का उदय है,
तो अस्त भी है।
ज़रा सोच!
उगते/ढलते सूरज की लाली,
खिलते/मुरझाते जलज की कहानी,
कह रहे हैं, ये सभी
रूप/लावण्य
सत्ता/धत्ता

चित्त/वित्त
शत्रु/मित्र
जीवन/यौवन
मान/सम्मान
तन/धन
मकान/दुकान
शासन/आसन
राशन/वासन
थान/वाहन
स्वजन/परिजन
भोग/उपभोग
संयोग/वियोग
सबका नियामक
है वियोग।
काल का प्रवाह
बह रहा है
और बहता-बहता
कह रहा
यह जीवन
पल-पल इसी प्रवाह में,
बह रहा बहता जारहा है
और चलता हुआ कहता जारहा है,
यहाँ पर कोई भी
चिर .....ध्रुव .....स्थिर।
न रहा .....न रहेगा,
ज़रा सोच!

दहकते पथ पर आयेगा

सागार तट पर
खड़ा पुरुष
निहार रहा है,
निस्तब्ध
सोच रहा है,
सागर की विशालता।
आशा जगाता है
कि पालूँ
गहराइयाँ,
लगा लूँ डुबकी।
पर कहाँ?
लहर देखती है
अन्तर-लहर
भयभीत कर गयी।
लहर में
पल-भर की महर ने,
भीरुता भरी कहर जगा दी।
अकर्मण्यता की कड़ी दिला दी
सोच बैठा
कहीं डूब न जाऊँ,
भूल बैठा
अन्तर-क्षमता
स्व-गहनता।

सन्त आया
उसे जगाया
हो-ले-हो-ले
तू शक्तिमान
क्यों? बना नादान।
ले सहनशीलता
कर्मण्यतामयी रसायन,
पी-ले-पी-ले।
तू कब तक खड़ा रहेगा?
कूद जा
अगर नहाना चाहता है,
गहनता पाना चाहता है,
जगा पुरुष का पौरुष
फिर क्या
लगा ले डुबकी
पा गया,
वही जो पाना था।
हे प्रमादी!
तू देखता ही रह गया
ज़रा सी ठोरों के बृह गया।
अब तो जाग!
सांसारिकता से भाग,
यदि चाहिए
अन्तर्निधि
तो ले यही है,
सम्यक् विधि।
ज़रा हौसला थाम ले,
तू इतना मान ले,
स्वशक्ति जो जान,
अनन्त बल को पहिचान।
डरो मत,

कूद जाओ
तैरना सीख जाओगे।
और
संयम वारिधि की थाह से,
आनन्द मोती ढूँढ़ लाओगे।
जो कूदा
निःसंकोच निर्भय
उसी ने अन्तर्निधि को
पाया है, और वही पायेगा,
जो दहकते पथ पर आयेगा।
अतः डरो मत...।

गुमान-मत करो

अध्यात्म की ओट में,
आत्मा, आत्मा
शुद्ध/बुद्ध
कहकर
सदाचार/व्रतचार का
खात्मा मत करो।
विषय-कषायों से आपादकंठ
लिप्त, भोगी आत्मा को
नियम/संयम के
शुचि वारि से
पहले साफ/स्वच्छ
करो,
पश्चात् इसमें
अध्यात्म का अमृत भरो
फिर आत्मा में
निरत हो।
आत्मा-शुद्धातम का
ध्यान करो
और
रत्नत्रय को महान् कहो
पर
चर्या विहीन चर्चा का,
गुमान/अभिमान मत करो।

चेतो

हे चैतन्य!
चेत
निज गहनता है,
यही तेरा गहना।
बस यही है,
मेरा कहना।
इसी में निजानन्द-झरना।
अतः तेरे को
शाश्वत बनना
और निरन्तर
इसी में बहना।
पर
दृढ़ता से प्रवेश करना
स्थायी फार्म भरना।

नया कदम रखना है

रे चैतन्य!
प्रश्न उठाना है अस्तित्व-बोध का,
समां जलाना है निजत्व शोध की।
उसमें ही रचना-प्रचना है
न कोई विकल्प मन में है,
बस नया कदम रखना है।
हम कौन? आये कहाँ से?
हमको क्या होना है? क्या खोना है?
और कहाँ जाना? क्या पाना है?
इस प्रश्न का समाधान खोजना।
हाँ, ऐसी ही योजना है,
कि जीवन में निजात्मा को पाना है
शिवपुरी को जाना है।
तो ध्यान रखो!
और सत्य-संयम का आचार करो।
पथ कौन-सा और कहाँ जाना है,
इतना ही मन में विचारो।
संयम-साधना को आचरण में उतारो।
बोधि-समाधि में डूबो,
स्व को मोह-कीच से उभारो।
विषय-भोग
परिग्रह संचय की कामना त्यागो।

उठो जल्दी भागो
जगो और जगाओ,
चलो और चलाओ,
मुक्ति-पथिक बनकर।
बढ़ो और बढ़ाओ,
स्वयं तरो और तारो।
ऐसा प्रश्न उठाओ—अस्तित्व बोध का
निजात्म-शोध का।
बस यही कहना है,
और यही निज गहना है
तो, इसी क्रम में बहना है
अब नया कदम रखना है...

बूँद से सागर

मैं सच कहता हूँ
बूँद से सागर
होना चाहते हो
तो मिटाओ अहं,
करो निज पर अहं
और
मिलाओ अपने को
बहती धारा में।
अस्तित्व कभी खोता नहीं है
असत् कभी होता नहीं है
पर
आज बीज है कल वृक्ष होगा,
अणु है, विराट् होगा।
बस
खोना होगा अहम् को।
बूँद का समर्पण,
बीज का अर्पण,
ही उनकी महानता का द्योतक है।
ऐसे ही
निज से अहं का पलायन
ही मुक्ति-गान है
और है—
बूँद से सागर की यात्रा।

जीवन-मुक्ति योग

हे चैतन्य!
जीवन
संयोग-वियोग
का है एक योग।
किन्तु
इसमें भी समाया
अनुपम योग
साधना का नियोग
पुण्ययोग/सुयोग
अन्यथा
जीवन है भोग
जो है भयानक रोग।
कराता पाप योग
बढ़ाता दुःख योग,
जिससे छूटता सुकृत योग
और होता
निजात्म से वियोग।
उत्पन्न होता दुष्कृत योग
दुष्कृत/दुष्कर्म योग ही,
है ज़िन्दगी का शोक।
अतः हे विज्ञ!
छोड़ भोग-रोग

सँभाल त्रियोग।
कर सुकृत/पुण्ययोग
सम-सम्यक् समाधि योग,
चैतन्य योग।
क्योंकि
तन का है
नियामक वियोग।
अरे कैसा कर्म योग
मत कर तन का दुरुयोग।
संयम-समता योग ही,
है जीवन का सदुपयोग।
है चैतन्य!
कर निज शक्ति का सम्प्रयोग
क्योंकि
इसी में समाया मुक्तियोग।

नयन-नीर

मैं सच कहता हूँ
नयन का नीर
मोती भी बन सकता है
और ज़हर भी।
किसी की पीर पर
अगर नयनों का नीर
गिरता है बूँद बनकर,
तो...वह करुणा है।
नीर की बूँदें नहीं,
सीप के मोती हैं।
क्योंकि नीर ही तो
स्वाति नक्षत्र की बूँद-रूप
सीप में गिरकर,
मोती बनता है।
पर...यदि
स्वयं की साधना
या आगत कष्टों पर
नयनों से नीर बहता है,
तो कायरता है।
वह नीर नहीं
जहर है विषधर का
क्योंकि नीर ही...तो
ज़हर बनता है
विषधर के मुख में...

करुणा की करुणाई

करुणा ने निहारा
एक दूसरे पर हमला करते।
इस पर कहती है
अपने करुण स्वरों में सबको,
कि
आपस में विवाद हुआ विषाद हुआ,
कितना बुरा हुआ!
हे मानवो ! आपस में ही
एक दूसरे को क्यों
मिटाने की ठानी है!
मेरी सलाह लिए बिना, तुम सबने की
मनमानी है।
बस यही तो नादानी है।
सुनो! सम्हलो
उपकार करो सत्कार करो,
कुछ मेरा ध्यान रखो।
मेरे मन में मत घाव करो।
स्वपर का मत घात करो,
बन गये जो अपराध भूल से,
उन अपराधों का पश्चात्ताप करो।
नहीं करेंगे भूल कभी हम,
ऐसा तुम संकल्प करो।

करुणा अपनी करुणाई में
सबको सम्बोधन करती है,
कि परस्पर लड़ाई बन्द करो,
और
आपस में मिलकर,
प्रेम करो-प्रेम से रहो।
प्रेम दोगे, प्रेम मिलेगा।
पर
प्रेम देकर प्रेम करना
कोई आश्चर्य नहीं,
घृणा देकर प्रेम विरलों से मिलता है।
आश्चर्य यह है कि
घृणा लेकर भी प्रेम देना,
यही प्रेम की सही रीति है
बाकी तो स्वार्थी प्रीत है।
करुणा ने सबको
यूँ सम्बोधा।

पतन के गर्त में

मैं सच कहता हूँ
आज के युग में,
आधिपत्य पाने की
होड़ लगी हुई है।
नये-नये दलों में
संगठन हो रहा है,
जगह-जगह का
नवयुवक नागरिक
दिग्भ्रान्त हो रहा है।
कोई आतंकवाद या उग्रवाद में
कोई आरक्षणवाद में
कोई समाजवाद में
कोई जातिवाद में
कोई पन्थवाद में
कोई सुधारवाद में
कोई भौतिकवाद में
यूँ भिन्न-भिन्न गुटों में
बँट रहा है मानव।
अपनी स्वास्थ्य-शक्ति को,
व्यर्थ में खो रहा है।
और पाप-बीज बोकर
पतन के गर्त में
चला जा रहा है।

अहं की परिणति

मैं सच कहता हूँ,
जब अहन्ता का रंग
बुद्धि पर चढ़ता है।
उसी क्षण मन
परस्पर की ईर्ष्या से,
भरता है—सड़ता है,
सधर्मी सजाति में
ऐंठा दीखने के
भाव करता है
और समानता के होते हुए भी,
बुद्धि में चढ़ा
अहन्ता का रंग,
स्वयं को सर्वश्रेष्ठ/सार्वभौम
जतलाता है।
पर सबको
श्वानवत-गुर्राता है।
तभी तो नीतिकारों ने कहा है
कि
'बालक, वैद्या, रसोइया,
गधा, कवि अरु बैल।
साथ रहें दो-दो जहाँ,
मन में भरता मैल।'

न ये आगे बढ़ पावें–
बुद्धि ज्ञान चतुराई में।
पीछे रह जावें
मेरा ही वे मान/नाम
कीर्ति जग मेरी गावे।
मुझसा कवि नहिं कोई,
और सब गाल बजावे।

सुन्दरता

मैं सच कहता हूँ
जीवन की सुन्दरता,
तन के सुन्दर दिखने से नहीं,
मन की सुन्दरता से है।
क्योंकि तन से बगुला भी
होता है धवल
पर
मन से अति काला।
तुम्हारे मन में
पाप-मल पल रहा हैं,
ऊपर से तुम्हारी काया
सुन्दर दिखने से,
या महत्त्व रखती है?
तभी तो लोग कहते है,
कि
"मन मलीन तन सुन्दर कैसे,
मल से भरे कनक घट जैसे।"

मुक्ति-बन्धु

व्यक्ति
मशाल है,
तो व्यक्तित्व
उसकी आग है।
आग बिन
कोरा डंडा सम
वैसे ही
व्यक्तित्व मुर्दा सम।
क्योंकि
व्यक्ति का व्यक्तित्व
ही उसका है कृतित्व
व्यक्तित्व बिन
कृतित्व कैसा!
उष्णत्व बिन ऊष्ण
और शीतलत्व बिन शीत कैसा!
यानि व्यक्तित्व जीवन का प्राण
अन्यथा व्यक्ति निष्प्राण है।
अतः, हे चैतन्य!
उभारो व्यक्तित्व,
यही व्यक्तित्व,
बनेगा आदर्श कृतित्व।
व्यक्तित्व छाया है

तेरा सत्य साया/सहारा
बाकी सब माया है।
जितना जिसने
जो पाया,
इसी व्यक्तित्व से उभारा
और सदियों से इसी को गाया है।
इसलिए चाहे सन्त हो महन्त,
राजा हो रंक
सभी ने इसी को सजाया/सँभाला है।
शाश्वत यह गौरव-गाथा है
झुकाया माथा है।
इसी में सुख-समृद्धि
समाता है।
इसी से मुक्ति बन्धु
का नाता
और यही
मुक्ति-वल्लभा
पाता है।

अहन्ता बाधक

सच है
जब-जब अहं का अहन्ता
टकराता है,
तब-तब निहन्ता सा
भटकता है।
अहं ही अर्हन्त में बाधक है
किन्तु तू संसार का साधक है,
हे मीत !
कब तक भटकेगा
भवाटवी में लटकेगा।

नारी

नारी शब्द स्वयं कहता है, कि
न-अरि
अर्थात्
जिसका संसार में
कोई भी शत्रु न हो,
ऐसी है विशाल हृदयानारी!
अन्यथा
वे भोगी जन नारी की बाँहों में
कैसे सोते?
वे योगी, मुक्ति नारी के
कैसे होते?
यह रूपक है नारी का
जो किसी की भी
बनकर न रही हो,
सो नारी।
ना-री
यानि परतन्त्र रही वह
बचपन से पितृगृह में,
यौवन में पति-संग
सास-श्वसुर के अनुशासन में,
वृद्धावस्था में पुत्रों-संग।
बदलती रही, अपनों से,
अपनी आसें नारी।

औरत

‘औरत’ शब्द,
अपने में है प्रसिद्ध।
स्वतः सिद्ध है,
माया सेन
जाने या-या औरत है?
जो किसी को न सूझे
युति, उसे ओर जाये
वही ‘औरत’ है,
लोक कहावत है।
कि
‘औरत गले को दौरत
रूठ गयी तो मरने के दौरत’
यानि
जब उसकी माँगे
पूरी नहीं होती,
तो मरने तक के,
नये तरीके खोज लेती है।
लेकिन
औरत वही है
जो अपने सुख-दुख छोड़
औ-रत
यानि
दूसरों कि सेवा-सँभाल,
करती हुई जीवन बितादे।

मुस्कान

मै सच कहता हूँ
आत्मास्थ जीव,
कभी हँसते नहीं हैं।
विषयों के जंजाल में,
कभी फँसता नहीं हैं
फिर भी
न हँसने पर मुस्कराता है।
उनका चेहरा, यों?
योंकि
वे बाह्य रास-रंगों में
प्रसन्न नहीं है।
अन्तस्थ स्वाद/आत्मिक रास-रंगो से है
प्रमुदित/प्रफुल्लित होते हैं—वे
वस्तुतः
जिनके अन्तस्थ की
कलियाँ खिली हैं,
उनकी महक छिप नहीं सकती
सुनके-मुस्काये बिन
और
अंतरंग से कुंठित हैं,
वे बाहर भले ही हँसलें
दूसरों से उधार हँसी लेकर।

पर
उनका मुखड़ा हमेशा
रोता सा दिखेगा दर्पण में,
और
हँसना प्रायः अच्छा नहीं है
क्योंकि
लोक में कहावत है
कि
"रोग की जड़ खाँसी
लड़ाई की जड़ हाँसी"।
हँसने वाला प्रायः
विदूषक का पात्र होता है,
जो स्वयं रोकर भी
दूसरों को हँसाता है,
अपने बोलचाल से
क्रिया-कलाप से,
उतावला बावला होता है वह।
इसलिए
हँसो नहीं, मुस्कराओ।

गले लगाओ

प्रतिकूलता का
प्रतिकार नहीं,
सत्कार करो
क्योंकि
सत्कार करना
कायरता नहीं,
पुरुषार्थ हीनता नहीं,
अपितु
पुरुष का परम पुरुषार्थ
इसी पथ पर
गति-प्रगति पाता है,
पंचम गति पाता है।
क्या हाथी
मस्त चाल वाला
चाल बदलकर,
मुड़कर देखता है,
कदापि नहीं।
तो आओ !
लगाओ गले
प्रतिकूलताओं को,
चलते चलो
वहीं जहाँ चलना है।

बोओ

कुछ पाने के लिए
कुछ खोना पड़ेगा,
कुछ होना पड़ेगा।
अन्यथा
रोना पड़ेगा।
हे मीत !
रोना/सोना नहीं
भव बीज बोना नहीं,
संसार में खोना नहीं।
अतः,
बोओ ऐसा बीज
जो होवें मुक्ति-बीज।

महान व्यक्तित्व कैसा...

मैं सच कहता हूँ
कि
व्यक्ति अपनी अलग
पहचान बनाने के लिए,
कुछ भी कर सकता है।
अहं की कलम से,
कुछ भी लिख सकता है।
वह बड़ी लकीर
मिटा सकता है।
बड़ी लकीर
घटा सकता है,
पर
इसका नाम
महान व्यक्तित्व नहीं,
यह तो अहन्ता का
काला कारनामा है।

जीवन इतना ही नहीं...

मैं सच कहता हूँ
कि जीवन कुछ और है।
लिखना-पढ़ना
और कुछ कह लेना ही,
जीवन नहीं है।
क्योंकि
अनेक दार्शनिक-चिन्तक
गहन विचारक
घूमें वसुधा पर
जिनका जीवन
महानता की श्रेणी में कहाँ?
किन्तु जो बड़े चले
मुक्ति पथ पे,
सीप से मोती,
दीप से ज्योति,
देह से देही निकालने,
वे ही तो आये
उक्त श्रेणी में!
अतः लिख लेता हूँ
पढ़ लेता हूँ
जो कहा जा सकता है,
उसे कह भी लेता हूँ,
सिर्फ जीवन इतना नहीं,
इससे परे कुछ और है।

मत करो नाटक

मैं सच कहता हूँ
पुण्य को महान कहो।
क्योंकि पुण्य से
बनते हजारों कारवाँ हैं।
पुण्य की महिमा
ए...देखो...सोचो!
कम नहीं है।
आदमी,
जपे, ध्याये, रटे
इसका मुझे कोई गम नहीं है।
मगर अब आदमी
आत्मा-आत्मा का ओट में
ख्याति पूजा की
वोट में,
पुरुषार्थ विहीन चोट में
आत्माओं को
ठगे चले
चारित्रहीन बनाये
तो कहना होगा
कि यह
आत्मा-आत्मा
का नाटक भी
कुछ कम नहीं है...।

कर डालो

मैं सच कहता हूँ–
जो करना है कर डालो।
मत बैठो कल की आस लिए
कल आयेगा किसने जाना!
कल तो कल है, वह रहा अथिर।
कल आया था, कल आयेगा
वैसे तो सच, सच रहा यही,
न कल आता है, न आयेगा
कल-कल करते जीवन बीता,
कल यूँही बीत जायेगा।
गर रहे भरोसे हम कल के,
तो कुछ भी न कर पायेंगे।
कल बीत चुका, कल बीतेगा,
हम रोयेंगे-पछतायेंगे।
जो कुछ करना था कर पूरा,
जो लोग यहाँ कृतकाम हुए,
उनकी जग में जय-विजय हुई,
उनके ही जग में, मंगल गान हुए
उनके ही जग में, जयमान हुए,
उनके ही जग में, सम्मान हुए।

ज़हर मत घोलो

मैं सच कहता हूँ–
मुक्ति पथ में
पथिक को
विश्राम कहाँ!
अविराम/अविचल
है पथ खरा।
पर
पथिक को रोको मत
कष्टों को देख टोको मत
चल पाते विरले पथिक
क्योंकि
कथनी करते लाखों जन,
करनी करते कुछ लोग भले।
चल पाओ तो तुम चलो
मत चलतों को हैरान करो।
नुक्ताचीनी करना छोड़ो
और
स्वयं भोगों से सुख मोड़ो।
गर जोड़ सको तो दिल जोड़ो
दो शब्द प्रेम के तुम बोलो
न बोल सको तो मौन रहो।
पर
हीनता का ज़हर तो मत घोलो।

मानव का मन

मैं सच कहता हूँ
मानव का मन,
है अनेक
तरंगों का पिण्ड।
जिसमें
जल की लहरों जैसी,
उठती रहतीं अनेक उमंग।
हर क्षण
हरपल, प्रतिपल,
नयी-नयी उमंग,
नयी-नयी तरंग,
न कभी विश्राम
सदा रहता श्रमवान।
सोचता भविष्य की
दौड़ता, भागता
चंचल बन्दर की तरह।
कभी
इस डाली
कभी उस डाली।
एक साथ अनेक
कल्पनाओं से भरा,
अनन्त आकांक्षाएँ

जिसमें सागर की लहरों की
तरह लहराती हैं
किन्तु हाथ में
एक भी नहीं आतीं।
क्या ऐसी
आकांक्षाओं से
भरा मन!
कभी
शान्ति
पा सकेगा,
अर्थात् नहीं।

जागो तो मंज़िल मिले

आदमी हो
उठो कुछ कर दिखाओ।
क्या विवशता?
बेबसी या चीज़,
श्रम के सामने, श्रमिक है वीर।
वीरत्व का वरदान उसको,
जय-तिलक उसके लिए।
दुनिया उसी की,
बाहुबल हो जिस किसी में।
शक्ति हो शृंगार जिसका,
हौसला ही साथ चलता,
पथ दिखाता, श्रम मिटाता
पथ उसी का।
चल रहा जो धीर गति से,
शान्ति मन से,
लक्ष्य पर आँखें जमाये।
आदमी हो तो उठो, कुछ काम आओ।
सामने लम्बी डगर है
पास में सम्बल नहीं है,
साथ में साथी नहीं है।
क्या हुआ तो क्या हुआ,
श्रम तुम्हारा

आपका सम्बल बनेगा।
शक्ति अन्तर की
तुम्हारा साथ देगी।
लक्ष्य की महिमा
तुम्हारा
श्रम बनेगा
वृक्ष पथ के,
झूम कर पंखा झलेंगे,
वन पखेरू
विहँस बातें करेंगे।
पथ तुम्हारा साथ देगा
साथ अपना दे सको,
सब तुम्हारा साथ देंगे।

जीवन-धारा

भोर हुआ
खग
चहचहाये
जागृति मुक्ति कण्ठ से,
नव गीत
गुनगुनायें।
कितनी गहरी
निद्रा ने तुम्हारे मन पर
डेरा डाला
अर्क की रश्मियों ने
फेंका उजाला
पर तुम
रहे सोते के सोते,
न जाने
कब जगोगे?
वासना के बिस्तर
कामना के संस्तर
छोड़ किस क्षण भागेगा?
उठो-उठो!
कहते-कहते
रवि
हारा
पर तुम नहीं बदले और
न तुम्हारी जीवन धारा...।

लगन

सच कहता हूँ।
लगन
पर से नहीं,
स्व से लगा।
स्व की लगन ही,
सच्ची लगन है।
अन्यथा
पर की लगन में
अज्ञानतम सघन है।
यानी
जब तक पर से है लगन,
तब तक मिथ्यात्म है सघन।
जब स्व से होगी लगन,
उतर जायेंगे वासना के वसन।
मिट जायेंगे सारे गम
बजेगी आत्मा-सरगम।
फिर होगा तू निज में मगन
छूट जायेगा कर्म बन्धन
हे चैतन्य!
लगन अब तक तूने,
परत्व में लगाई।
किसी को मित्र कहा तो भौजाई,

किसी को बहिन कहा किसी को भाई
किसी को माँ कहा किसी को ताई।
पर स्वयं की याद नहीं आयी
न जाने कैसी लगन लगाई!
अरे पर, छोड़ लगन
स्व में हो मगन,
चमचमायेगा,
आत्मा चमन।
प्राप्त होगा
आनन्द-अमन,
समत्व गगन
अतः, लगा
निजत्व से लगन।

नयी सदी का पेय

हे विश्र,
हर क्षण
हर पल
नव-नव
होते हैं
प्रत्येक क्षण,
प्रतिफल नष्ट
और उत्पन्न होता है
क्या नया, क्या पुराना
सागर की प्रत्येक लहर नयी है
अर्क की हर किरण नयी है
पुष्पों की मकरन्द नयी है
प्रकृति का हर
रूप नया है
सत् वही
जिसमें उत्पाद-व्यय हो,
वरना द्रव्य कैसा?
परिणमन काल का ही
नया-वर्ष नया युग दान देता है
और यही
मुक्ति मंज़िल का भान देता है
ज़िन्दगी का घड़ा रीत रहा है,

व्यर्थ जीवन बीत रहा है।
देखो, कितना हो गया
जीवन व्यतीत,
कह रहा है अतीत।
आगत-अभ्यागत का
स्वागत करो।
नया कदम रख,
धर्म का आदर करो।
सत्य का वरण ही,
नवीनतम-नयी सदी की
शरण हो, हर-पल।
निर्मल अन्तकरण हो
इसी भावना का हर्ष हो
जीवनोत्थान का विमर्श हो
आत्मोत्कर्ष संयमोत्कर्ष हो
नयी सदी का होगा प्रकर्ष
सतत रहे विकर्ष
किन्तु ध्यान रखो
जीवन में परिवर्तन नहीं,
तो सभी क्षण पुरातन हैं।
और यदि है परिवर्तन
तो वे सभी क्षण नूतन हैं
उगाओ धर्म-अंकुर
बढ़ो हरपल,
मुक्ति पथ पर।
भूलो अतीत,
झूलो आत्मा तत्त्व में।
जगाओ
निजत्व में प्रीत
हे मीत !
हिसाब करो

स्वयं का स्वयं से,
कि जीवन-पृष्ठों पर
है कितना पुण्य/पाप।
मगर लेखा-जोखा हो साफ।
वर्ष का अन्त हो
दुष्कर्मों का अन्त
और, आरम्भ हो
मुक्ति-पथ
सन्त बन
हो संयम वसन्त।
नया वर्ष का
नया हर्ष हो,
नया-उत्कर्ष
अन्त हर्ष के साथ हो।
पावनता ही सच्चा हर्ष है,
है यही उत्कर्ष।
तो आओ !
बढ़ाओ संयम-पथ पर कदम,
हर क्षण/हर पल/हर दम।
संयम-सलिल से,
मिटाओ कर्म कर्दम
संयम ही उपादेय,
पावनता का ध्येय।
सदी वर्ष की शुरुआत
का यही अनुपम नेह
यही पावन-पीयूष पेय/श्रेय।

भोग-योग

हे चैतन्य!
भोगी का भोग,
निशा का योग,
उषा सम।
भोग है–
काली अँधियारी
और योग है
उजियाली/लाली।
सच कहो!
भोग रोग/महारोग
दुखों का संयोग
अशान्ति का नियोग।
जबकि
योगी का योग
मुक्ति का अनुयोग
समसमता का प्रयोग
सुख-शान्ति आनन्द युक्त त्रियोग।

सही जीना

जो लिखा,
सत्य ही लिखा।
यदि सत्य नहीं होता
तो लिखता ही क्यों?
जीवन एक सत्य है,
मृत्यु सही हो,
इसीलिए सही जीना है।
मृत्यु भी आती है/आयेगी,
जीवन मिला है, मिलेगा भी,
फिर भी यदि चाह है
मुक्ति की,
तो बढ़ो
उस राह पर,
जिस पर
ऋषि-मुनि-यति बढ़े।

मृत्युंजयी का पथ

मानव स्वयं एक मन्दिर है,
तीर्थ रूप है धरती सारी।
मूरत प्रभु की सभी ठौर है,
अन्तर दृष्टि खुले हमारी।।

जीवन का सम्मान करें हम,
जीवन में भगवान निहारें।
रूपान्तरित करें जीवन को,
जीवन को ही स्वर्ग बनाएं।।

मानवता के मन मन्दिर में,
संयम तप का दीप जलाएं।
अन्तर-बोध उजागर करके,
आनन्द- अमृत से भर जाएं।।

भीतर की नीरवता पाकर,
समता रस की बीन बजाएं।
अपने मन की परम शान्ति को,
मृत्युंजयी का पथ अपनाएं।।

बूँद

बूँद को समुद्र में अपनी सत्ता का
विलय अच्छा न लगा।
वह अपनी अहन्ता और पृथकता
बनाये रखना चाहती थी।
नदियों ने उसे इस आग्रह से विरंत
भी किया, पर वह मानी नहीं,
अलग ही बनी रही।
कड़ाके की धूप निकली और
वह भाप बनकर हवा में उड़ गयी।
बादलों में साथ मिलता उसे फिर
रास न आया।
रात हुई और वह पत्तों पर ओस
बनकर, अलग-थलग पड़ी रही।
धूप रोज निकलती,
उसे ऊपर उठाती,
पर उसे नीचे ही गिरना
पसन्द था।
सर्प ने उस ओस को चाटा
और विष में बदल दिया
जो न समुद्र बनते हैं
और न बादल,
ऐसे उच्छृंखलों को
विष बनकर रहना पड़ता है।

समाधि

सच कहता हूँ–
भोगी की सम्पदा,
दर्दनाक व्याधि है।
नेता की सम्पदा,
मौत की उपाधि है।
पर
योगी की सम्पदा
सत् सम्यक् समाधि है।
जहाँ समाप्त होती
आधि-व्याधि-उपाधि,
वहीं प्राप्त होती समाधि।
चलती
समता की आँधी
तभी आत्मा है मुस्काती,
आती जाती साँस रुक जाती
रे मन!
आने-जाने
जीने-मरने की मिटा
अपनी व्याधि,
लगा एकान्त होकर समाधि
तू पा जायेगा
निज का आदि...।

खण्ड-2

सम्बोधि-सूत्र

अहिंसा

1. हे मित्र!
अहिंसा के पथिक बनो, व्यभिचार और व्यसनमुक्त जीवन बनाओ। प्रेम, सौहार्द और शान्ति से व्यक्तित्व निखरता है। आत्मोत्थान का पवित्र सूत्र है– मन, वचन, और काय से किसी के प्रति भी नकारात्मक चिन्तन न करना, यही अहिंसा का आधार और भगवान महावीर की वाणी का सार है।

2. हे मित्र!
धर्म वह है, जो दया से विशुद्ध हो। करुणा, दया, अनुकम्पा सब अहिंसा के अभिन्न अंग हैं। अहिंसा के अभाव में जप-तप, पूजा-अनुष्ठान सब व्यर्थ जानो। विश्व में शान्ति-आनन्द का धाम अहिंसा है, अन्य कोई मार्ग आत्मशान्ति विश्वशान्ति का नहीं है।

3. हे मित्र!
करोड़ों यज्ञों व हजारों तीर्थों की यात्रा के फल की अपेक्षा एक जीव की रक्षा करना अधिक श्रेयस्कर है। जैसे सुमेरु से बड़ा कोई स्कन्ध नहीं, आकाश से बड़ा कोई द्रव्य नहीं है, उसी प्रकार अहिंसा से बड़ा कोई धर्म नहीं है।

4. हे मित्र!
प्रकृति व परमात्मा ने पृथ्वी पर सभी को जीने का अधिकार दिया है, चाहे मनुष्य हो, चाहे पशु अथवा पेड़-पौधे। हे मानव, दूसरों के अधिकारों का हनन करना तेरा कर्तव्य नहीं, अपितु वह हिंसा है। 'जिओ और जीने दो' का आचरण ही अहिंसा का दिव्य सन्देश है।

5. हे मित्र!

अहिंसा परमब्रह्म है। स्व-पर की रक्षा का ब्रह्मास्त्र है अहिंसा। सर्व-विद्याओं में श्रेष्ठ विद्या अहिंसा है। विश्व मैत्री का जनक एवं ब्रह्माण्ड का आधार है अहिंसा। व्यवहार और निश्चय धर्म अहिंसा के बल पर ही पलते हैं। अहिंसा सर्वसिद्धि का भण्डार है। अतः अहिंसा का आचरण कर चिद्ब्रह्म में लीन होओ।

NON VIOLENCE

1. Be on the path of non violence, respect the truth, addiction free life. Strengthen love, peace and brotherhood. Right thinking, right vision, right knowledge and right character should be adopted. This is the holy formula of self upliftment and teachings and essence of Lord Mahavira.

2. Dharma is that which is pure with mercy. Compassion, mercy, are all integral part of Non-Violence. In the absence of non-violence, all the rituals of chanting and worship are in vain. The abode of bliss in the world is non-violence. There is no other way to self peace, world peace.

3. It is more beneficial to protect a living being than the result of crores of sacrifices and visiting thousands of pilgrimages. Just as there is no mountain greater than Sumeru, no material greater than the sky, similarly there is no religion greater than non-Violence.

4. Nature and God have given everyone the right to live on earth. Whether it is man, animal or tree or plant. O human, to violate the rights of others is not your duty but violence. The act of live and let live is the divine message of non-violence.

5. Non-violence is the ultimate Brahma. The Brahmastra for self-protection is non-violence. The best of all disciplines is non-violence. The father of world-friendship and the basis of the Universe is non-violence. Religions of behavior and

determination thrive on the strength of non-violence. Non-violence is the storehouse of all Accomplishment. Therefore, by practicing non-violence, get absorbed in Chir Brahm.

आत्मशुद्धि

6. हे मित्र!
मुक्ति आत्मशुद्धि से ही सम्भव है। आत्म-शुद्धि लेश्याओं की शुद्धि से और लेश्याओं की शुद्धि कशायों की मन्दता से ही सम्भव है। विषयों को विष की भाँति त्यागकर आत्मा की पवित्रता के प्रति सजग रहो।

7. हे मित्र!
किसी को तन की समझ है, तो किसी को मन की, समस्या का समाधान है तपस्या। तप धर्म का सार है, प्रत्येक साधना और सिद्धि का आधार है। आप तप के साथ मन्त्र साधना भी कीजिए। तप तन को तपायेगा और मन्त्र मन को।

8. हे मित्र!
कष्ट को नहीं, वैराग्य को देखो। वस्तु को राग से देखोगे तो वस्तु का अभाव कष्ट देगा और यदि वस्तु को वैराग्य से देखोगे तो वस्तु का अभाव भी आनन्द देगा।

SELF PURIFICATION

6. If you want absolution then you should try to purify your soul. Your soul can be purified by your deeds. Consciousness and perception will reduce intensity of pain. So wake up with awareness.

7. Some have understanding of the body and some have the understanding of the mind. The solution to the problem is tapasya. Tap is the essence of religion, the basis of every sadhana and accomplishment. Alongwith Tap, you should also do mantra meditation. Tap will heat the body and mantra will purify the mind.

8. Look at dispassionand not suffering. If you look at the object with attachment, the absence of the object will cause pain and if you look at the object with disinterest, the absence of the object will also give happiness.

आत्मसंयम

9. हे मित्र!

आसक्ति पर विजय प्राप्ति का सूत्र संयम है। संयम अर्थात् नियन्त्रण। संयम अर्थात् मर्यादा की लक्ष्मण रेखा। मानव को महामानव एवं ईश्वरत्व के लिए संयम की ही सीढ़ी की आवश्यकता होती है। मन को मनाना, समझाना तथा अनुशासित रखना ही आत्मसंयम की कसौटी है। कोई हमें प्रताड़ित करें, शिष्टाचार सिखाये इससे पूर्व हमें ही शिष्टता सीख लेनी चाहिए। आत्मसंयमी कछुए की भाँति अपनी प्रवृत्तियों को अन्दर समेटने का सामर्थ्य रखता है।

10. हे मित्र!

संयम आत्मोत्थान में महत्त्वपूर्ण कारण है, संयम व्यक्ति के व्यक्तिगत और चारित्रिक जीवन को सुरक्षित रखता है। परिवार को मर्यादित और सामाजिक जीवन को गरिमामयी बनाता है। जीवन का आदर्श है। संयम और मुक्ति का आधार है संयम।

11. हे मित्र!

भगवान महावीर का सन्देश यही है कि प्रत्येक व्यक्ति संयम को धारणकर जीवन का अंग बनाये, जो संयमित रहता है। वही मुक्ति को प्राप्त करता है। सन्त व गृहस्थ दोनों को ही संयम श्रेष्ठ बनाता है सन्त की आत्मा ही संयम है। उनके तो जीवन की परिभाषा ही संयम है। सन्त निःपरिग्रही होता है। गृहस्थ कदाचित् क्रोधित हो जाये पर सन्त का तो जीवन आदर्श ही क्षमा है। अतः विकारों से परे संयम से जीवन आप्लावित करो।

12. हे मित्र!

जीवन के दो पक्ष हैं। संयम और असंयम। संयम ही सजगता है, जागृति है, असंयम है, मूर्च्छा है। संयम पूज्य है, पूज्यता है, साधु संयम से ही प्रणम्य होते हैं, प्रभाव-वेश से नहीं।

13. हे मित्र!

संयम अनेक प्रकार से होता है। प्रथम मन का संयम—मन के संयम से दूषित विचारों का प्रवाह नियन्त्रित होता है। किसी घटना, परिस्थिति अथवा दुर्घटना वश मन में किसी के प्रति कलुषित अथवा गलत विचार आते हैं, उन्हें नियन्त्रित करना चाहिए, यही मन का संयम है।

14. हे मित्र!

कैसा भी विपरीत वातावरण क्यों न बन जाये, लेकिन स्वयं मन को सरल बनाये रखना, यही जीवन की सबसे बड़ी सफलता है।

15. हे मित्र!

बल, पराक्रम और पुरुषार्थ दिखाकर वीर बन जाना सरल है, परन्तु इन्द्रियों पर, मन पर विजय प्राप्त कर महावीर बनना कठिन है।

16. हे मित्र!

अपनी इन्द्रियों पर संयम कायिक संयम है। खान-पान को संयमित करना, रात्रि भोजन न करना, अभक्ष्यों का त्याग और इन्द्रियों के अधीन न होना, कायिक संयम है। भोज्य पदार्थों को सीमित रखना, विषय कामनाओं पर नियन्त्रण रखना, अनासक्तिपूर्वक भोजन करना, दैहिक संयम है। संकल्पपूर्वक दृढ़ता से नियमों का पालन करना संयम है। इस प्रकार सभी इन्द्रियों को जीतना संयम है।

17. हे मित्र!

मन और देह का गुण धर्म यही है कि अगर कोई तत्त्व प्रभावित करता है, तो उससे अप्रभावित रहने के लिए हमें स्वयं को दूसरे कार्यों में लगा देना चाहिए। हम स्पर्श, रसना, घ्राण, चक्षु, कर्ण की सुखानुभूति और उसके प्रभाव से मुक्त होकर संयमित जीवन जी सकते हैं।

18. हे मित्र!

परिग्रह परिमाण व्रत भी संयम को पाने का मार्ग है। यह संयमित जीवन शैली है, जीवन को ऐश्वर्य प्रदान करने वाली सांसारिक वस्तुओं को सीमित करना, उनकी मर्यादा रखना, हमें संसार में रहते हुए भी संयम मार्ग पर प्रशस्त करती है, अणुव्रतों के पालन से मानव जीवन सुशोभित होता है।

19. हे मित्र!

यदि हम संयम से रहते हैं तो मुक्ति हमारे समीप आती है, ज्ञान का ही नाम संयम है, अगर कोई व्यक्ति टेढ़ा बोलता है तो समझिए आपकी परीक्षा का समय आया है।

20. हे मित्र!

कोई आपके पाँवों में काँटे बिछाता है, तब भी उसके प्रति बुरे भाव मत लाना। तुम उसके मार्ग में फूल ही बिछाना। यह भी एक संयम है। कोई आपका दिल भी दुःखाये तो बुरा मत मानना, प्रकृति का नियम है कि जिस पेड़ पर सबसे अधिक फल होते हैं, उसी पर सबसे अधिक पत्थर पड़ते हैं। राजा रणजीत सिंह ने पत्थर मारने वाले बच्चों को दण्ड नहीं, बल्कि फल ही दिये। क्षमा और संयम की यही उत्कृष्टता है।

21. हे मित्र!

एक संयम और हमें जीवन में अपनाना चाहिए और वह है उपेक्षाओं का संयम। अगर कोई हमारी उपेक्षा कर रहा है। तब हमें स्वयं पर संयम रखना चाहिए अपमानित उपेक्षित होने पर भी स्वयं को नियन्त्रण में रखना उपेक्षा संयम है। उपेक्षा के कारण हमारे मन, मस्तिष्क, शरीर, व्यवहार में जो उग्रता आ जाती है उस पर नियन्त्रण रखना ही उपेक्षा संयम है। यह जीवन में रिश्तों, सम्बन्धों को सुदृढ़ करता है।

22. हे मित्र!

वाणी का संयम अपनाकर हम हिंसाजनक और मिथ्यापूरित भाषा से बच सकते हैं, निन्दा। चुगली से बच सकते हैं। आप हमेशा मधुर भाषा, अनुवीचि भाषण

का प्रयोग करें, तोल-मोल क्के बोलना या सोच-समझकर बोलना वाणी का संयम है, मिथ्या और कटु वचनों पर लगाया गया अंकुश वचन संयम है। अपशब्द तो प्रत्येक भाषा में होते हैं, लेकिन उनके मुँह में आते ही यदि हमने अंकुश लगा लिया तो समझो हमने हाथी को पागल होने से बचा लिया। ध्यान दो स्वयं को पागल हाथी मत बनाओ।

SELF RESTRAINT

9. If you want to win over attachment, moderate your life. Control is the only clue to win over attachment. Control means restriction. Control means monitoring. Control means line of dignity. The stairs that god has created to move a human being forward is only control. Before others hold us for discipline, it would be better to keep ourselves in moderation and discipline. Before someone teaches us how to speak, we should already be disciplined. We should not give anyone opportunity to say something. We should be so restrained to our own voice and body so that no one can accuse us of this. You know that a tortoise walks with its arms and legs spread out but as soon as the danger is felt, it folds its hands and feet inside itself . To contain oneself is restraint. Leave attachment and come in the lap of self control.

10. Abstinence is the important phase of soul upliftment. Abstinence preserves the indivisual's Personal and Character life and gives the family an opportunity to lead a decent life. Abstinence also maintains dignity at the social level and teaches moderation of living in a decent manner among the family. Abstinence is the basis of absolution. Abstinence makes the life important and ideal.

11. The Message of Lord Mahavira is that every person should walk on the path of self restraint. Those who will live more and more self restraint life, they will find themselves

more close to absolution. For saints, control is their own definition. The soul of a saint is self restraint. The anger of a saint cannot be forgiven as well as their possessive nature. Saints should always be free from acceptance. So we should adopt a life full of self restraints.

12. There are two aspects of life abstinence and non abstinence. Those who live with abstinence is a Saint. Abstinence brings awareness, and is respected everywhere. If a saint is seen anywhere we respect him because of his abstinence. Respect given only to costumes is not permanent. The effect is only by meditation. A man is worshiped with restraint, not from his costumes.

13. Abstinence can be lived differently. The first one is sobriety of mind. Let the bad thoughts come by adopting mind restraint. If any wrong thoughts are arising thenmind should control them. Inspired by some circumstances if any wrong thoughts are arising in our mind then they should be curbed. Wrong thought may arise, wrong feeling may arise but to control oneself at that time is the restraint of mind.

14. No matter how the opposite environment becomes, you should maintain self control. This is the biggest success of life.

15. It is easy to become a hero by showing strength, might and effort, but it is difficult to become a Mahavira by conquering the mind over the senses.

16. Control over one's senses is physical restraint. There is a combination of limiting food and not eating food at night, renunciation of non eatables and not being subject to the senses is physical restraint. To limit the food items, to control the desires, to eat food without attachment is control over the body. To follow the rules with determination is restraint. To win over the Senses is restraint.

17. The quality of mind and body is that if any element influences then in order to be non effectedby it, we should engage ourselves in other work. We can live a controlled life by getting free from the effects of five senses.

18. Limiting the desires is also a way to Restraint. This is a restrained life style. Limiting the worldly things that provide the opulence of life, keeping their limits, paves us on the path of restraint even while living in the world. Human life is beautified by the observance of 'ANU VRATS'

19. If we live a restrained life, then salvation comes near to us. Knowledge is also restraint. If someone use abusive words,then it is time for your test.

20. If someone put thorns in your path, then also do not bring bad feelings towards him. Put flowers in his path. It is also a restraint. Do not feel bad if someone hurts you. It is the law of naturc that the tree which bears the most fruits get the most stones. Raja Ranjit Singh once get stoned, instead punishing the stoner, he gave him lost of fruits. This is the excellence of forgiveness and restraints.

21. There is one more restraint that we should adopt in our life and that is control over ignorance. If anyone is ignoring us still we should have control on ourselves. Controlling the aggression that comes in our mind, body, behavior due to neglect is also a restraint. It strengthens relationship in life.

22. By keeping restraint on speech we can avoid the language of violence Condemnation can avoid criticism. We should always use sweet speech. Do not use inappropriate speech. Speaking thoughtfully is restraint of speech. Abusive language is there in every language, but if we curb it as soon as it comes, then we understand that we have saved the elephant from going mad. Take care not to let yourself become a mad elephant.

अनासक्ति

23. हे मित्र!
मकान ही क्या संसार की हर वस्तु मनुष्य की अज्ञानता पर हँसती है। काश! तुम पहचान पाते तुम्हारा क्या है? तुम्हारी सम्पति क्या है? बाहृय सभी सामग्री विभाव है, स्वभाव में आओ। जो अपने को पहचान लेता है, वह पराये से कभी नहीं उलझता।

24. हे मित्र!
शरीर, सम्पत्ति, भोग सामग्री और रिश्ते 'नातों का मोह' आत्मशक्ति में बाधक है ये सब उलझाकर रखते हैं। इनमें उलझने वाला ही अशान्त रहता है। अतः इन सबसे मोह छोड़ो और आनन्द पाओ। शान्ति, सुख-आनन्द आपके अन्दर है, मोहासक्ति में नहीं। उसे पहिचानो।

25. हे मित्र!
ध्यान रखना—काम और जिम्मेदारी बोझ तभी बनती है, जब हम उन्हें ओढ़ लेते हैं। सबसे अधिक भारी बोझ हमारी मान्यता का है। मान्यता हमारे ममत्व और आसक्ति से होती है।

26. हे मित्र!
आसक्तिमुक्त जीवन जिओ कर्म का कब, कैसा उदय आ जाये, पता नहीं। न लेकर आओगे, न लेकर जाओगे यही यथार्थ है, तो फिर काहे का रोना, सन्तोष और समत्व का जीवन जीओ।

27. हे मित्र!
जीवन के इस सफ़र में आनन्द की अनुभूति करना चाहते हो तो अपना लगेज कुछ कम करो, लगेज घटाओ, नहीं तो परेशान हो जाओगे। यह जीवन की सच्चाई है अपने पास जितना भार होगा। जाते समय उतने ही परेशान होंगे मस्तिष्क को निर्भार रखो, अपनी आसक्ति को मन्द रखो जीवन का लक्ष्य तभी प्रशस्त होगा, नही ंतो क्या पता जीवन का क्या भरोसा, कब ब्रेन स्ट्रोक हो जाये, कब हार्ट अटैक हो जाये, कब पैरालाइस हो जायें। अतः भार मुक्त रहो।

28. हे मित्र!
सांसारिक अपेक्षाएँ अर्थहीन हैं। किसी व्यक्ति, वस्तु आदि में चाह करोगे तो सिर्फ़ 'दाह' के कुछ नहीं मिलेगा, इस चाह के बिना जीवन जीना ही जीवन की सच्ची राह है। चाह को खत्म करो, जो जितना जैसा है, उसे स्वीकारने की बुद्धि जाग्रत करो, सब कुछ प्राप्त हो जायेगा।

NON ATTACHMENT

23. Not only house, everything in this world laughs at the ignorance of man which he believes to be his own. I wish you could recognize what is your? What is your own property? It is alian to everyone , it is not yours. Leave them and try to identity yourself. One who recognizes himself never gets entangled with strangers.

24. The attachment of body, property, material and relative is a hindering element in self peace. All these are confusing and the one who gets entangled in them become heavy. What is heavy is turbulent. Hence leave all these things. Peace and happiness is within you. Recognize this.

25. Work and responsibility becomes a burden when the man covers himself with these. The burden of recognition is the greatest. If there is something heavy, then it is our belief which is due to our attachment and these bring sorrow in man's life.

26. Live a free life. We don't know how our karma will effect us. Neither we have brought anything nor will we take it. I will get the support according to my karma. This is the fact of life. So we should not cry. We should be content and live a life of equality.

27. If you want to feel pleasure in this journey of life then reduce your luggage. If you don't do so, you will always remain

upset. This is fact of life. As much as you get attached to yourself, you become equally upset. Keep your mind calm. Minimize your attachment. We don't know when we have to face brain strokes, coma, paralysis attack. So try to reduce your luggage.

28. Worldly expectations are meaningless. If you want anything from a person or in an object it will become desire. Living free from desire is the true way of life. Finish your desire, accept it as it is and you will get everything.

आशा

29. हे मित्र!
आज तुम भले ही जीरो पर हो, पर विश्वास रखो अपने कदमों पर और संकल्प के साथ बढ़े चलो, क्योंकि जीरो ही बढ़ते बढ़ते एक दिन हीरो बन जाता है।

30. हे मित्र!
खोदते-खोदते जमीन से भी पानी निकल आता है और चढ़ते-चढ़ते एवरेस्ट भी विजय कर लिया जाता है! मन और तन की संकल्प एवं पराक्रम शक्ति से कार्य किया जाये तो सफलता अवश्य मिलती है।

31. हे मित्र!
उम्मीदों का दामन कभी मत छोड़िए, मुश्किलों में तो जीवन का सबसे बड़ा सहारा उम्मीद में ही है, जो एक प्यारी सी मुस्कान देकर हमारे कानों में धीरे से कहती है : All is well.

HOPE

29. Today, even if you one standing on zero believe in your footsteps and move ahead with determination because zero only grows one day to become a hero.

30. The working person is the most lucky person. With the continous effort, while digging water comes out of the ground and Everest is also conquered. If the minds determination and body's Strength are put together, Success will surely be achieved.

31. Never give up Expectations. The biggest support of life in difficulties is hope which speaks softly in our ears that ALL IS WELL.

ईर्ष्या

32. हे मित्र!

ईर्ष्या सबसे बुरी भावना है, प्रतिस्पर्धा करना अच्छी बात है, पर ईर्ष्या करना मूर्खता है। ईर्ष्या दूसरों को नहीं खुद को जलाती है यदि हम दूसरों को सुखी देखकर खुश नहीं हो सकते तो कम से कम दूसरों को खुश देखकर ईर्ष्या की आग में खुद को न जलाएँ।

JEALOUSY

32. Jealousy is the worst emotion. Competition is not bad but jealousy is foolishness. Jealousy does not burn others. If we cannot be happy seeing others happy than atleast do not burn ourselves in the fire of jealousy by seeing others happy.

उत्साह

33. हे मित्र!

उत्साहहीनता सबसे बड़ी दरिद्रता है। उत्साह सौभाग्य का पैमाना है, तो उत्साहहीनता दरिद्रता का आमन्त्रण। उत्साहहीन लोग कहते हैं, असम्भव (इम्पोसिबल), जबकि उत्साही व्यक्ति कहते हैं, सम्भव (पोसिबल)। कर्मशील उत्साही व्यक्ति असम्भव को भी सम्भव कर देते हैं।

34. हे मित्र!
सफलता के लिए पूर्ण इच्छा शक्ति चाहिए और संकल्प शक्ति के लिए उत्साह, उत्साह से किया गया हर कार्य सफलता का मीठा फल देता है।

35. हे मित्र!
जीवन में अगर सफलता न मिले तो हताश न हो, किसी भी सफल अथवा महान व्यक्ति का चरित्र पढ़कर देखें, उन्हें अपनी ऊँचाइयाँ, सफलताएँ सैकड़ों असफलताओं का सामना करके ही मिली है।

36. हे मित्र!
सफलता के दरवाजे उन्हीं के लिए खुलते हैं, जो उन्हें खोलने के लिए खटखटाया करते हैं।

ENTHUSIASM

33. The biggest is impoverishment is impatience. Enthusiasm is the measure of destiny while its absence is measure of impoverishment. Unenthusiastic people say IMPOSSIBLE whereas the first mantra of one who awakens is I M POSSIBLE. Hardworking Enthisiastic person makes impossible also possible.

34. Success requires full will and enthusiasm. Everything done with enthusiasm gives the sweet fruit of success.

35. Do not be discouraged if you do not get success in life. Read the life character of any of the world's best and successful people or great man. They faced hundreds of setbacks before reaching their height and success.

36. Instead of trying to sit on the head of the world do such deeds that people are eager to make you sit on their head. If you try to sit on someone's head than you will definitely be suppressed. If you conduct yourself high the world will automatically make you sit on their head.

ऊर्ध्वचिन्तन

37. हे मित्र!
दुनिया के सिर पर बैठने की कोशिश करने की जगह ऐसे कर्म करो कि लोग तुम्हें सिर पर बैठाने के लिए लालायित हो उठे। किसी के सिर पर बैठने की कोशिश करोगे तो नियमतः दबा दिये जाओंगे और उच्च आचरण करोगे तो दुनिया तुम्हें स्वयं सिर पर बैठा लेगी।

38. हे मित्र!
जीवन को सुप्रभात बनाइए अर्थात् हमारा जीवन सु-सुन्दर हो, प्र-प्रसन्न हो, भा-भाग्यशाली हो, त-तनाव मुक्ति हो, म-मंगलमय हो यही खुशहाल जीवन है। हे मित्र!

39. हे मित्र!
चारित्र को जीवन की चमक बनाइए सूर्यास्त। हो जाने पर सब चीजें ओझल हो जाती हैं, तब भी आपका चरित्र अपनी चमक अवश्य बिखेरता है।

40. हे मित्र!
यह न सोचें कि कितने दिन जिये अपितु यह सोचें कि कैसे जिये, खुशियों से भरा एक लम्हा भी खजाने जैसा लगता है पर गम का एक वर्श भी अँधेरी गुफा में भटकने जैसा लगता है।

41. हे मित्र!
स्वयं को सदा प्रसन्न और सकारात्मक रखें। मुस्कान से जहाँ आपका दूसरे पर सकारात्मक प्रभाव पड़ेगा, वहीं दूसरों के दिल में भी स्थान बना लोगे। सुन्दर चेहरा केवल एक दिन याद रहता है, किन्तु सद्व्यवहार आपका चिरस्थायी प्रभाव छोड़ता है।

42. हे मित्र!
मनुष्य का निजी व्यक्तित्व ही उसके देश, धर्म, वंश आदि का परिचायक है। अमुक देश, धर्म, समाज और वंश कितना सभ्य सुसंस्कृत, विवेकशील और सद्चरित्र है, यह उस देश के नागरिकों के व्यक्तित्व से ही ज्ञात होता है। व्यक्ति के वर्तमान व्यक्तित्व से ही सभ्य, असभ्य का ज्ञान होता है। अतः व्यक्तित्व को सुसंस्कृत और सभ्य बनाओ।

43. हे मित्र!

स्वर्ग व मोक्ष के रास्ते पर कदम बढ़ाने के लिए अपना स्वभाव अच्छा बनाइए बुरे स्वभाव से देवता तो क्या अपने सगे, सम्बन्धी व पड़ोसी भी नफ़रत करते हैं।

44. हे मित्र!

दुनिया में इंसान की पहचान कपड़ो से नहीं अच्छे आचरण से होती है, अच्छे कपड़ो को तो दुकान में पुतलों को भी पहनाते हैं।

45. हे मित्र!

मूल्यांकन उन फसलों का मत कीजिए, जिनको आपने काटा है। मूल्यांकन उनका कीजिए जिन्हें आपने बोया है अच्छी फसलों को पाने के लिए अच्छे बीजों का चयन आवश्यक है। सुन्दर लक्ष्य प्राप्त करने के लिए सुन्दर आचरण आवश्यक है।

UP THINKING

37. Instead of trying to sit on the head of the world, do such deeds that people become eager to make you sit on their head. If you try to sit on someone's head than you will definitely be suppressed. If you conduct yourself high the world will automatically make you sit on their head.

38. Make life a good morning meaning that our life should be beautiful, happy lucky, stress free. This is a happy life.

39. Make the character shine in your life. After sunset everything seems to be invisible, even then your character must shed its shine.

40. Don't think how many days you live but think how you should live. A moment full of happiness looks like a treasure but even one year full of sorrow seems like wandering in a dark cave.

41. Always keep yourself smiling and positive. With smile you can make a positive effect on the other person. You will

directly enter into ones heart by your positive behavior. Beautiful face is remembered for few days but your sweet behavior will make you permanent.

42. The personal personality of man is the symbol of his country, religion lineage etc. People guess that how civilized a country society and dynasty is from the personality of the people of that country. A person is judged by his personality. So make your personality beautiful.

43. Make your nature good to step on the path of heaven and salvation. Your relatives and neighbourswill also hate you if you have bad nature.

44. Human beings are identified in the world not by clothes but by good deeds. Good Mannequins are also worn in shops.

45. Do not evaluate the crops you have reaped but of the seeds you have sown. Selection of good seeds are necessary to get good crops. The selection of beautiful gestures is necessary to achieve the beautiful goal.

क्रोध/क्षमा

46. हे मित्र!
ज़िन्दगी में दो बातें हमेशा याद रखना। जब गुस्सा आये तब कोई फ़ैसला मत करना और जब बहुत खुश हों तो तब कोई वादा मत करना।

47. हे मित्र!
माफी वही दे सकता है जो अन्दर से मजबूत हो, खोखले इनसान सिर्फ़ बदले की आग में जलते रहते हैं।

48. हे मित्र!
हमें छोटी-छोटी गलतियों से बचने की कोशिश करनी चाहिए, क्योंकि इनसान पहाड़ों से नहीं छोटे-छोटे पत्थरों से ठोकरें खाता है।

49. हे मित्र!
गलती सबसे होती है और गुस्सा सबको आता है, फिर क्यों न बुरा मानने के बजाय शान्ति व सुधार की किरण तलाशी जाये। पर लोग बड़े विचित्र हैं। स्वयं से गलती हो तो समझौता चाहते हैं और दूसरों से गलती हो जाये तो इंसाफ की माँग करते हैं। सुधार तब होता है जब हम दोनों के लिए इंसाफ चाहें।

50. हे मित्र!
क्रोध के समय थोड़ा रुक जायें और गलती के समय थोड़ा झुक जाये तो दुनिया की सब समस्याएँ हल हो जायेंगी।

51. हे मित्र!
क्रोध भी जब पुण्य बन जाता है, जब वह धर्म और मर्यादा के लिए किया जाये और सहनशीलता भी तब पाप बन जाती है जब वह धर्म और मर्यादा को बचा न पाये।

52. हे मित्र!
किसी को अपना बनाओ तो दिल से बनाओ ज़ुबान से नहीं और किसी पर गुस्सा करो तो ज़ुबान से करो दिल से नहीं।

53. हे मित्र!
दर्पण जब चेहरे का दाग दिखाता है, तब हम दर्पण नहीं तोड़ते, बल्कि दाग साफ करते हैं। इसी प्रकार हमें हमारी कमी बताने वाले पर क्रोध करने के स्थान पर अपनी कमी को दूर करने का प्रयास करना चाहिए।

ANGER/FOREGIVENESS

46. Always remember two things in life. Don't make decision when you are angry and don't promise when you are very happy.

47. Forgiveness can only be given by those who are strong from within. Hollow people keep on burning only in the fire of revenge.

48. We should try to avoid small mistakes because man stumbles not from mountains but from small stones.

49. The mistake comes from everyone and everyone gets angry. Then why not seek a ray of peace and reform instead of feeling bad but people are very odd. If you make a mistake yourself, you want compromise and for the mistake of other, he asks for justice. Improvement will happen when we want justice for both.

50. If you stop a little in the time of anger and bow down a bit at the time of mistake, then all the problems will be solved.

51. Anger also becomes worshipable when it is done for the sake of righteousness and dignity and tolerance also becomes a sin when it cannot save religion and dignity.

52. If you make someone your own, then make it with your heart, not with your tongue, and if you are angry with someone, do it with your tongue and not with your heart.

53. When the mirror shows a stain on the face, then we do not break the mirror but clean the stain. Similarly, instead of getting angry at those who tell us our shortcomings, we should try to overcome our shortcomings.

गुरु भक्ति

54. हे मित्र!

गुरुजनों, सन्त, महात्माओं के पास जाकर बैठने की आदत डालो, उनके चरणों में कुछ समय व्यतीत करो, गुरु के पास जाकर उनके ज्ञान का आनन्द लेते हो, उनके आशीर्वाद की छाया में बैठते हो तो मन्दिर में बैठने से भी अधिक फलदायी होगा। मन्दिर में केवल प्रार्थना व ध्यान किया जा सकता है। प्रत्युत गुरु के सम्मुख जीवन को ही धन्य बनाया जाता है।

55. हे मित्र!

अ से शुरू हुई वर्णमाला अदब से प्रारम्भ होती है और ज्ञ से ज्ञानी होकर पूर्णता प्राप्त करती है। यह वर्णमाला सिखाती है कि जीवन का बुनियादी ज्ञान पाने के लिए दिव्य पुरुषों, सन्तों के पास अवश्य बैठें और उनके ज्ञान का आनन्द लें, गुरुओं के पास अदब से रहोंगे तो अवश्य ज्ञानी बनकर जीवन महकेगा।

56. हे मित्र!

गुरु अगर मौन है तो मौन का भी आनन्द लें, बगीचे के पुष्प बातें नहीं किया करते, फिर भी वे मन के फूल खिला देते हैं। गुरु के पास बैठना फूलों भरी बगिया में बैठने के समान है। वहाँ मौन में भी संवाद है।

57. हे मित्र!

सीखने की ललक हो तो मिट्टी के द्रोण से भी विद्या सीखी जा सकती है। एकलव्य की तरह, महान गुरु की तलाश से पूर्व अपनी जिज्ञासा को महान बनाइए।

GURU BHAKTI

54. Make the habbit of sitting with Gurus, Saints and Mahatmas. Spend time with them. It's not so that we only mark our attendance. We should enjoy with their knowledge. It you sit in their shadow it is more worth than sitting in a temple. Only prayer and meditation can be done in a temple but the company of Gurus and Saints give the art of living life.

55. The alphabet starting from अ means अदब (discipline) and ends with ज्ञ which means ज्ञानी (knowledgeable). These alphabets teaches that to get the basic knowledge of life, sit with gurus and saints. If you sit with them and be disciplined you will be enlightened with the knowledge.

56. If the gurus are silent then enjoy their silence too. Garden flowers do not talk. Yet they feed our mind like a flower. Sitting near the gurus is like sitting in a flower garden. There is also dialogue in silence.

57. Take your goal and work so seriously that not only Dronacharya, his clay idol also be seen giving light of inspiration & guidance. Before looking for a great Guru, make your curiosity great like Eklavya.

जीवन प्रबन्धन

58. हे मित्र!
एम.बी.ए. की डिग्री प्राप्त केवल बिजनेस मैनेजमेंट ही जानता है, जीवन प्यार पर आधारित है। व्यापार पर नहीं इसलिए बिजनेस मैनेजमेंट से कहीं अधिक आवश्यक है लाइफ मैनेजमेंट।

59. हे मित्र!
लाइफ मैनेजमेंट के लिए स्वयं पर अनुशासन आवश्यक है। दूसरों पर अनुशासन करना आसान है पर आत्मानुशासन चुनौती है। इस चुनौती को स्वीकार करने वाले ही जीवन का सही उपयोग करते हैं और सफल बनाते हैं।

60. हे मित्र!
प्रकृति स्वयं में एक बृहद् शास्त्र है, सूरज का उदय होना एवं अस्त होना, जन्म और मरण, संयोग या वियोग—ये हमें सन्देश देते हैं—जिसका उदय है। उसका अस्त भी है जो मनुष्य अपने जीवन-सूर्य के उगने के साथ-साथ उसके डूबने की घड़ी को अपने सामने रखता है। वह अँधेरा होने से पूर्व ही अपना लाइफ मैनेजमेंट कर लेता है, वही अपने जीवन को सार्थक करता है।

LIFE MANAGEMENT

58. An MBA pass person knows only about business management, whereas life management is more important than business management.

59. Discipline yourself for life management. It is easy to discipline others but it is challenging to apply discipline oneself. One who accepts the challenge succeeds in life.

60. Nature is also a very big scripture. The rising and sinking of the sun give us the message that what rises also sets. This is the law of nature.

ध्यान

61. हे मित्र!
ध्यान स्वयं के द्वारा स्वयं की मनोचिकित्सा है, मन की नकारात्मकता के मकड़जाल से बाहर निकलने के लिए और पावर से स्वयं को चार्ज करने के लिए ध्यान सबसे अच्छा चार्जर है।

MEDITATION

61. Meditation is psychotherapy by itself. Meditation is the best charger to get out of the web of negative thoughts and to charge yourself with power.

निर्मलता

62. हे मित्र!
मन में यदि दूषित विचारों की लहरें उठे तो तत्काल उनकी दिशा बदल दीजिए। अगर ये लहरें सुनामी का रूप ले बैठी तो जीवन का जहाज़ ही डूब जायेगा। अतः मन को स्वच्छ सुन्दर रखिए।

63. हे मित्र!
चेहरा देना कुदरत का काम है, पर उसे सुन्दर बनाना आपके हाथ में है। आप अपने दिलो-दिमाग में सदा निर्मल परिणामों से निर्मित मुस्कान के फूल खिलाते रहें, आपकी खुशबू औरों के दिल पर राज करेगी।

64. हे मित्र!
भाग्य रेखा में सीधा उलट फेर तो नहीं किया जा सकता पर हर हाल में विशुद्ध निर्मल परिणामों के साथ मुस्कराने की स्वस्थ्य मानसिकता विकसित कर दुर्भाग्य की अँगुली में सौभाग्य की अँगूठी अवश्य पहनाई जा सकती है।

65. हे मित्र!

मन को निष्पाप बनाओ, क्योंकि निर्मल मन के आंगन में प्रभु का निवास हुआ करता है। "मन चंगा तो कठौती में गंगा" मन ही समस्त गतिविधियों का आधार है। व्यक्ति मन की प्रेरणा से ही सारे काम करता है, मन अगर खराब है तो आँखें भी खराब चीजों को देखेंगी और खराब चीजें देखने से हमारी मानसिकता भी दूषित होगी। पवित्र मन स्वयं में चलता-फिरता मन्दिर है, तीर्थ है, गंगा-यमुना का संगम हैं।

PURENESS

62. If waves of contaminated thoughts are rising in the mind then change its direction immediately. If their waves take the form of tsunami, the ship of life itself will sink. Keep your mind clean and beautiful.

63. Giving face is the work of nature, but it is in your hands to make it beautiful. May you always feed flowers of smile created by pure results in your mind and heart. Your fragrance will rule the hearts of others.

64. You cannot make a direct change in the fate line but in every situation if you develop a healthy mindset of smiling with purity, then a ring of good luck can be worn in the finger of bad luck.

65. Make the mind sinless because god lives in the pure mind. A person does all the work with the inspiration of the mind. If the mind is bad then the eyes will also see bad things, then the hands will also be bad. The holy mind itself is a walking temple a pilgrimage and the confluence of Ganga and Yamuna.

निराभिमानिता

66. हे मित्र!

जीवन में अहंकार किस बात का? आसमान को देखो तो सोचो कि हम आसमान से ऊपर नहीं उठ सकते और धरा को देखो और सोचो कि घमण्ड किस बात का सबको मिट्टी में ही मिलना है। सबकी नौका! समुद्र के भँवर में है, न जाने किस क्षण क्या हो जाये।

67. हे मित्र!
अहंकार के मद में हम फूल सकते हैं, फैल नहीं सकते। अहंकारी व्यक्ति हवा भरी फुटबॉल के समान होता है, जो लोगों के पाँवों के जूते ही खाती है।

68. हे मित्र!
अहंकार सोडावाटर की शीशी की गोली के समान है, जो दूसरों की विशेषताओं को आपके अन्दर नहीं जाने देती और अपनी विशेषताओं को अन्दर से बाहर नहीं आने देती।

69. हे मित्र!
मान मत करो, माननीय बनने का यत्न करो। तुम्हारे अन्दर कितनी भी अच्छाई हो, कितने भी गुण हों, कितनी भी शक्ति और साधन हो, कभी भी उनका मान मत करो, क्योंकि तुम्हारी अच्छाइयाँ, तुम्हारे गुण, तुम्हारी शक्ति, तुम्हारे साधन मान करने लायक हैं ही नहीं, वे तो बहुमान योग्य हैं।

EGOLESS

66. What is ego in life. Look at the sky and think that we cannot rise above the sky and look at the ground then think what pride we all have when we have to get in this soil in the last. After all everyone's boat is in the sea. Anything can happen at any moment.

67. In the ego we can be full but we cannot expand. Egoistic is like a soccer ball which when full of air gets the shoes of people's feet.

68. Arrogance is like a soda water shot that does not let the characteristics of other get inside you and does not allow your features to come out from inside.

69. Don't be proud, try to become honorable. No matter how good you are, how many qualities you have, how much power and resources you have, never boast of it because your goodness, your virtues, your peace and your means are not worthy of pride.

नैतिकता

70. हे मित्र!
जीवन में कितने भी आगे क्यों न बढ़ जाये नैतिकता का दामन कभी मत छोड़ना विश्वास रखिए ईश्वर हमारे प्रत्येक अच्छे-बुरे कार्य का साक्षी है यदि हम उनकी नजर में गिर गये वह दुनिया की नजर में भी अच्छा नहीं रह सकता।

71. हे मित्र!
अच्छी मनोदशा, अच्छा व्यवहार और, नैतिक कार्य ही जीवन को स्वर्ग बनाते हैं, जबान को नरम, आँखों में शरम, दिल में रहम, दिमाग को ठण्डा रखिए, स्वर्ग आप तक खुद चलकर आयेगा।

72. हे मित्र!
एटीट्यूट को शार्प और स्वीट बनाइए, हमने गणित की शिक्षा लेते हुए त्रिकोण और चतुष्कोण का अध्ययन किया है किन्तु त्रिकोण और चतुश्कोण से भी अधिक आवश्यक है दृष्टिकोण को ठीक करना।

73. हे मित्र!
सत्य को जानो, पहचानो और सत्य को जिओ। सत्य को जानना दुर्लभ है और सत्य को जीना महादुर्लभ है। वीर पुरुष सत्य को बोलते हुए सत्य को जीते हैं। सत्पुरुष, महापुरुष बोलकर नहीं जीकर सत्य को बतलाते हैं।

ETHICS

70. No matter how for ahead in life we should never give up Ethics. Have faith that god is a witness to one every good and evil. Well, who had fallen in their eyes, where will they be good in the eyes of the world.

71. Good mind, good behavior and good work is the heaven of life. Keep your tongue soft, shy in your eyes, cool your mind and mercy in your heart. The heaven will come on its own.

72. Make your attitude sharp and sweet. We have been taught triangle & quadrilateral while studying Maths but in the mathematics of life, fixing the approach is more important than triangle and Quadrilateral.

73. Know the truth, recognize and live the truth. Knowing the truth is rare and living the truth is very rare and brave man live the truth by speaking the truth. Great man tell the truth by living it.

पुण्य

74. हे मित्र!
पुण्य छप्पर फाड़कर देता है, पाप छप्पर फाड़कर लेता है। हम नकारात्मक कार्य करने से बचे, संसार में, जल में, कमलवत अनासक्त जीवन जिएँ। इसी से हम मुक्ति के पथिक बनेंगे।

75. हे मित्र!
निज पुण्य के नियोग में किसी को मत सताओ, पूर्व सुकृत्य का सदुपयोग करो, क्योंकि कर्म की मार सभी पर पड़ती है सभी दिन और सभी के दिन सदा एक से नहीं होते। "सदा न फूले केतकी, सदा न सावन होय।"

76. हे मित्र!
लोभ करने पर भी पुण्यहीन पुरुष के पास धन नहीं होता और लोभ नहीं करने पर भी पुण्यशाली के पास धन होता है। स्पष्ट है, धन का लोभ, धन लाभ में निमित्त नहीं है, अपितु पुण्य व धर्म ही निमित्त है।

VIRTUE

74. Virtue tearing thatch but sin slaps it. We refrain from performing negative actions. In the world we can live a detached life like a lotus in water, only then we will be able to become pilgrims on the path of absolution.

75. Do not persecute anyone in the pursuit of personal virtue.Utilize the former goodness because Karma never leaves anyone.Not all days and days of anyone always remain the same.

76. A virtuous man does not have wealth even after being greedy and a blessed person has money even if he does not have greed. It is clear that greed for money is not a factor in money earning, but virtue and religion are the reasons.

पुरुषार्थ

77. हे मित्र!
वह फूल किसी काम का नहीं, जिसमें केवल आकर्षक रंग हो, फूल वह काम का है, जिसमें रंग के साथ खुशबू भी हो, सफलता के पुष्प पुरुषार्थ की क्यारियों में ही खिला करते हैं।

78. हे मित्र!
किसी की टिप्पणी को सुनकर बुरा मत मानिए, दूसरों की टिप्पणी आपके लिए चुनौती है। उसे स्वीकार कीजिए और वह रोशनी फैलाकर दिखाइए कि अँधेरा भी शर्मिन्दा हो जाये।

79. हे मित्र!
मनुष्य के हाथ में सिर्फ भाग्य ही नहीं पुरुषार्थ की रेखा भी है। पुरुषार्थ अगर अनवरत चलता रहे तो बून्द को भी सागर बनते देखा गया है। भाग्य के देवता को भी पुरुषार्थ और पराक्रम का सम्मान करते देखा गया है।

80. हे मित्र!
काम ऐसे करें कि पहचान बन जाये, कदम ऐसा चलें कि निशान बन जाये, ज़िन्दगी जीने को सभी जी रहे हैं, हम ऐसे जिएँ कि मिसाल बन जायें।

81. हे मित्र!
अपने मनोबल को पंगु होने से बचाइए, मनोबल टूट गया तो जीवन की नाव डूब जायेगी। स्वयं पर विश्वास रखिए, पुरुषार्थ कीजिए, यह सोचिए कि प्रकृति किसी को भी व्यर्थ में जन्म नहीं देती।

82. हे मित्र!

आलस्य और अकर्मण्यता तो वे यमदूत हैं, जो व्यक्ति के हाथों में सदा ही दुःख और दरिद्रता की दुर्भाग्यपूर्ण रेखा खींचते हैं। आप दुर्भाग्य से दूर रहने का निर्णय लीजिए और स्वयं को सदैव उत्साह, उमंग और ऊर्जा से भरा अनुभव कीजिए।

83. हे मित्र!

'कोशिश' अन्तिम श्वास तक करना चाहिए 'मंजिल' मिले या 'तजुर्बा' चीज़ें दोनों ही नायाब-श्रेष्ठतम है।

84. हे मित्र!

हर किसी के पास क्षमता और प्रतिभा का अतुल भण्डार है। यदि हम अपनी 25% क्षमता का भी उत्साहपूर्वक उपयोग कर लें तो हम सफलता के रास्ते पर बढ़ सकते हैं। 50% शक्ति का उपयोग करनेवाले सफलता और समृद्धि के कई पड़ाव पार कर सकते हैं, पर शत-प्रतिशत क्षमता का उपयोग करने वाले ही दूसरों के लिए आदर्श बनते हैं।

85. हे मित्र!

जब तक साधना को हम मन से नहीं जोड़ते, उसे केवल तन पर छोड़ देते हैं। तब तक उसका कोई स्वस्थ नतीजा सामने नहीं आता है।

EFFORTS

77. The flower is of no use which has an attractive colors in petals but no good smell. Flowers smelling of success only feed into the beds of effort.

78. The flower is of no use which has an attractive colors in petals but no good smell. Flowers smelling of success only feed into the beds of effort.

79. Humans have not only luck but also line of effort, if effort continues uninterrupted, the drop has also been seen becoming an ocean and god of fortune has also been found respecting the effort.

80. The work should be done so that it becomes an identity. Step so that the mark is made. All are living to live life. May we livein such a way that we become examples.

81. Save your morale from being paralyzed if the morale is broken, The boat of life will sink. Trust yourself thinking that nature does not give birth to anyone in vain.

82. Laziness and indolence are those eunuchs who always draw the unfortunate line of misery and poverty in the hands of a person. You decide to stay away from misfortune and always feel yourself full of enthusiasm, excitement and energy.

83. The effort should be made till the last breath. The things achieved or experienced are the rarest and the best.

84. Everyone has on incredible store house of strength ability & talent. If we use 25% capacity enthusiastically then we can move on the path of success. Those who use 50% power can reach many milestones of success and prosperity but who uses 100% capacity become the ideal of success for others.

85. As long as we do not connect sadhana with the mind and leave it only on the body, till then no healthy result comes out of it.

पर उपदेश

86. हे मित्र!
हर समय दूसरों को उपदेश, आदेश और भाषण मत दीजिए। जो आप कहना चाहते हैं, उसे स्वयं कीजिए और स्वयं दूसरों के लिए प्रेरक उदाहरण बनिए।

ADVICE FOR OTHERS

86. Don't give preaching orders and speeches to others all the time, do what you want to say, do it yourself and be a motivational example to others

प्रेम

87. हे मित्र!

संसार में ऐसे रहो जैसे जल में कमल रहता है। इस संसार में रहें, पर संसार में उलझें नहीं, संसार के रंगों में आसक्त न हो पायें। संसार बुरा नहीं है, बुरी अगर कोई चीज है तो वह है आसक्ति। आसक्ति बन्धन है, बन्ध का कारण है। अनासक्ति मुक्ति है। आसक्ति दुःख की जनक है, अनासक्ति सुख, शान्ति का सेतु है। संसार में रहो पर सहजता से, अनासक्त योगी की तरह, आसक्त होकर नहीं। आसक्ति व्यक्ति-विशेष से होती है, वस्तु विशेष से होती है। मित्रता/प्रेम सबसे होता है, प्रेम हार्दिकता है, प्रेम समर्पण है, प्रेम ही नाव है, प्रेम ही पार लगाता है। आसक्ति लंगर है, बाँधे रखती है, वस्तुतः आसक्ति राग की परिणति है। अतः आसक्ति छोड़ो और बढ़ो अनासक्त दशा/निस्पृहता की ओर...।

88. हे मित्र!

अपनी ज़िन्दगी जीने के दो तरीके हैं, जो पसन्द है, उसे प्राप्त करना सीख लो या जो प्राप्त है, उसे पसन्द करना सीख लो।

LOVE

87. Live in the world like a lotus in water. Even if we live in this world but we should not get entangled. We should not enamored with the colours of the world. The worldis not bad. Something which is bad is attachment. Attachment is bondage and cause of karma bandh. Deattachmentis freedomfrom bondage. Attachment is cause of sorrow and deattachment leads to peace. Live in the worldefforlessly without any attachment. Attachment may be with a particular person or thing. Love all, love is dedication which acts as a boot for absolution. Attachment is likeanchor which tieus inthis world. So leave attachment and move to words disinterest.

88. There are two ways to live your life, learn to get what you like or learn to like what you have.

मधुभाषिता

89. हे मित्र!
शीशा और रिश्ता दोनों एक जैसे हैं। पत्थर मारने से शीशा टूटता है और कठोर व कटु बोलने से रिश्ता। अदब से मधुर बोलिए और सँभलकर चलिए, शीशा और रिश्ता दोनों सुरक्षित रहेंगे।

90. हे मित्र!
पत्थर मारने से सिर फूटता है और लाठी मारने से कमर टूटती है, पर टेढ़ा शब्द बोलने से दिल भी टूटता है और रिश्ता भी। अतः आप जो भी बोलें धीमें और धैर्य से मीठा बोलें, आपकी वाणी औरों के दिलों में प्यार और जिज्ञासा का झरना बहायेगी।

91. हे मित्र!
भाषा सम्मान की बोलिए। हर शब्द हीरे-मोती की तरह है। पहले मर्यादा की तराजू पर तौलिए फिर बोलिए, जीभ तो बोलकर अन्दर चली जायेगी, पर डण्डे तो सिर को खाने पड़ेंगे।

92. हे मित्र!
आपकी वाणी आपके मुखमण्डल की चमक से भी अधिक शक्तिशाली है। ध्यान रखें–आपकी वाणी मुठभेड़ का रूप तो नहीं लेती, अपनी वाणी को सुधारिए और ऐसा बोलिए कि वह लोगों के दिलों में सावन की बयार या वीणा की झंकार बनकर छा जाये।

93. हे मित्र!
जीवन में जितना महत्त्व अपने वेश को दें, उतना ही अपनी भाषा को भी दें, व्यक्ति की भाषा ही उसके जीवन को परिभाषित करती है। जिन्हें बोलना आता है, उनकी मिर्ची भी बिक जाती है। बोलने में मिठास और सम्मान न हो तो मिठाई भी पड़ी रह जाती है।

94. हे मित्र!

भाषा का प्रयोग हमेशा विवेकपूर्वक करना चाहिए। कौआ और कोयल दोनों ही काले होते हैं, पर मुख खुलते ही पता चल जाता है कि कौन मधुर है और कौन कर्कश। हमारी वाणी तत्काल बता देती है कि हमारे जीवन का रंग सुन्दर है या हमारे शरीर का। गले की शोभा भले ही चेन से हो या हाथ की शोभा कंगन या ब्रासलेट से, पर मुख की शोभा शिष्ट, शालीन भाषा से ही होती है।

95. हे मित्र!

घर में तीखी ज़ुबान के कैक्ट्स नहीं, मीठी मुस्कान के गुलाब उगाएँ, जिसकी खुशबू से पड़ोसी का दिल भी महक उठेगा।

SWEET LANGUAGE

89. Both mirror and relationship are the same. Stoning breaks the glass and relationship is broken by uttering harsh words. Speak sweetly with discipline will keep the relationship safe.

90. Stoning hurts the head while stick waist but a crooked word not only breaks the heart but alsorelationships. So whenever you speak-speak softly and with patience. It will create love in the heart of other.

91. Always use decent language. Every word is like diamond or pearl. First weigh on the scales of sweetness and decorum then speak otherwise often speaking tongue will go inside and the poor head had tosuffer.

92. Your voice is more powerful than the brightness of your face. Keep in mind, your speech does not take the form of an encounter. Improve your speech and speak in such a way that it will fill the hearts of people like the wind of Sawan or the chimes of Veena.

93. Give as much importance in life to your language as you do to your disguise. It is the language of the person that defines his life. Those who know how to speak also sell their chilly and if there is no sweetness in the dialect then the sweet also remain lying.

94. Language should always be used judiciously. Both crow and cuckoo are black. Both are similar in appearance. Perhaps the cuckoo is blacker than the crows but as soon as they open their mouth we came to know who is sweetest. Similarly as soon as we open our mouth it is known that the colour of the face is beautiful or the grace of life. Whether the grace is from chain or bracelet but the beauty of mouth is always with the polite language.

95. Don't grow hot tongue like cactus in your house, rather grow roses of sweet smile the scent of which will make the hearts of neighbours smell.

मौन

96. हे मित्र!

भाषा का उपयोग संयमपूर्वक से करो। श्रेष्ठतम है मौन रहो। मौन सर्वसिद्धि दायक है। बोलना अगर चाँदी है तो मौन रहना सोना है। अगर बोला भी जाये तो ऐसी भाषा बोली जाये जिसमें संयतता की सुवास हो। भाषा व्यक्ति के व्यक्तित्व का आईना है, उसकी कुलीनता का प्रतीक है। वही कुलीन है जिसकी भाषा और व्यवहार मर्यादित हो, गरिमापूर्ण हो।

97. हे मित्र!

जीवन में मौन और मुस्कान दोनो का ही महत्त्व है। मौन हमें कई मुसीबतों से बचायेगा और वहीं मुस्कान से कई समस्याओं का समाधान मिलेगा।

SILENCE

96. Use language sparingly or it is best to remain silent. Speaking is silver then Silence is gold. There should be restraint in the language that is spoken. It should appear that language is a mirror of one's personality. It is a symbol of his nobility. He is an aristocrat whose language and behavior are dignified full of dignity.

97. Both silence and smile are very important in life. Silence saves from many troubles and smile removes many problems.

मृत्यु महोत्सव

98. हे मित्र!

जीवन को जीना सौभाग्य है और संयम के साथ जीना अहोभाग्य है, लेकिन मृत्यु से भयभीत होकर जीवन से चिपके रहना अन्धा मोह है। सहजता से जीवन जिएँ और मृत्यु के निकट आने पर उसे भी सहजता से स्वीकारें। मृत्यु भी जीवन का ही हिस्सा है। बिना उपसंहार के किताब कैसे पूर्ण होगी। मृत्यु जीवन का उत्सव है उसे महोत्सव बनाइए।

99. हे मित्र!

इतना हमेशा ध्यान रखना कि दुनिया में प्रवेश (Entry) चाहे जैसे हुई हो, पर निर्गमन (Exit) हमेशा शानदार होनी चाहिए। हमारा गमन ऐसा होना चाहिए जो हमें मुक्ति दें, हमारे जीवन में निर्वाण का दीप जलाये।

100. हे मित्र!

हमें अपने वर्तमान को इतना धन्य बना लेना चाहिए कि यदि मृत्यु आ ही जाये तो हमें यह प्रार्थना करने की आवश्यकता न पड़े कि हे प्रभु, हम चार दिन और जी लेते। बस यही कामना करें, जितना जियें स्वस्थ्य रहें, आनन्दपूर्वक आपका नाम लेते हुए जियें और आपका नाम लेते हुए ही सम्यक् मरण हो।

101. हे मित्र!

वस्तुतः हर प्राणी जन्म के साथ ही मौत का वारण्ट लेकर आता है। उत्पत्ति के साथ अन्त भी जुड़ा हुआ है। उसको जानने वाला ही प्रज्ञ है, इसीलिए स्थित प्रज्ञ जन्म से प्रसन्न नहीं होता और मृत्यु से खिन्न नहीं होता, यही जीवन का सम्यक् उपयोग है।

102. हे मित्र!

कली का खिलना एवं मुरझाना निश्चित है। क्या पता तुम्हारे जीवन की कली कब मुरझा जाये। इसीलिए खिली हुई कली के सदुपयोग करने की कला सीख लो, और यही कला जीवन जीने की कला है। यह कला वही सीख पाते हैं जो प्रज्ञा को उपलब्ध हो जाते हैं और संसार की नश्वरता, अध्रुवता को पहचान लेते हैं।

DEATH FESTIVAL

98. It is good luck to live life and fortunate to live with restraints. To be afraid of death and stick to life is blind fascination live life spontaneously and when death is near accept it spontaneously because death is also a part of life. How will the book be completed without epilogue. Death is a celebration of life makes it a festival.

99. Just keep in mind that howsoevermay be our entry in this world but our exit should be great. Exit should be such that we attain absolution and enlighten our life.

100. Bless the present that is in our hands, so that if death comes today, we need not pray that Lord, please give me & more days. We should live a healthy life. Live and die by taking the name of god.

101. Virtually every creature brings a warrant of death as soon as it is born. The end is always associated with birth. The person who knows this is intelligent and so intelligent is never happy in birth or sad for the end. He lives judiciously.

102. The blossom and withering of the bud is sure. Do not know when the bud of your life will wither, so learn theart of utilizing this blossomed bud and this art is the art of living life. This art can be learnt only by those who become available to Pragya or recognize the impermanence nature of the world.

विवेक

103. हे मित्र!
ईर्ष्या, द्वेष, और चिन्ता ये तीनों ही विवेक के शत्रु हैं। सम्मान, शान्ति और सन्तोष–ये तीनों विवेक के मित्र हैं। सबको सम्मान दीजिए, शान्ति में निमित्त बनिए और सन्तोष समता का पालन करते हुए आत्म सुख का आनन्द लीजिए।

104. हे मित्र!
विवेक हमारे ज्ञान का निष्कर्ष है। यह शान्ति का द्वार एवं सन्तुष्टि का आधार है। विवेक जीवन का सच्चा मित्र है और यही जीवन को प्रकाशित करने वाला चिराग है।

105. हे मित्र!
विवेक का अर्थ है शान्ति से सोचिए, शान्ति से कहिए और शान्ति से ही कीजिए। विवेक जीवन का अनुभव है। सच यह है कि विवेक का उद्‌भव शान्ति के गर्भ से होता है उद्वेग या आक्रोश से नहीं।

106. हे मित्र!
विवेक की रोशनी को यदि हम हर हालत में साथ रखते हैं तो निश्चय ही हम पूर्णिमा के चाँद की तरह सुख, शान्ति और माधुर्य के मालिक बन सकते हैं।

107. हे मित्र!
विवेक को अपना षिक्षक और गुरु बनाइए। मन में आये जो बोलना या करना केवल निरंकुशता की निशानी है। कार्य को विवेक-पूर्वक सम्पादित करना ही जीवन की सफल पूँजी है।

108. हे मित्र!

जीवन का विवेक यही सिखाता है कि जिस धागे की गाँठ खुल सकती है, उस धागे पर कैंची मत चलाइए। सामने वाले का लोहा भले ही गरम हो पर अपना हथौड़ा ठण्डा रखिए।

109. हे मित्र!

दुनिया में मूर्ख और मृतक दो ही लोग ऐसे होते हैं, जो अपनी मानसिकता नहीं बदल सकते। आप समझदार और विवेकी हैं, अपने पुराने विचार, खोटी मानसिकता, दूषित विचारधारा और अनावश्यक विरोधों को त्याग दीजिए।

CONSCIENCE/PRUDENCE

103. Jealousy, anger and anxiety are the three enemies of conscience. Respect peace and contentment are the three friends. Give respect to everyone. Be an instrument of peace for other as well and enjoy self essence with contentment.

104. Conscience is the conclusion of our knowledge. This peace is the door to bliss and the basis of moktch. It is a true companion & friend of life. This is also the lamp to illuminate life.

105. Conscience means think calmly, say peacefully and do it peacefully. It is the experience of life. The truth that it is born from the womb of peace and not from anger.

106. If we keep the light of conscience with us at any cost then surely we can become a master of peace and happiness like the full moon.

107. Make your conscience your teacher & mentor. Speaking or doing what comes to mind is only a sign of autocracy. Successful key of life is to edit work judiciously.

108. Life's wisdom teaches that do not use scissors on the threads of which knots can be opened. Even if the iron in the front gets hot but keep your hammer cool.

109. There are only two people fool and dead who cannot change their mindset. You are sensible. Give up all your old outdated thoughts and leave bad mentality & unwanted opponents.

विनम्रता

110. हे मित्र!
विनम्रता मनुष्यता का अभिन्न अंग है। उसे धारण करो, क्योंकि विनम्रता से विवेक का जन्म होता है और विवेक से सत्य का, सत्य में प्रभु का। निवास है और प्रभुता वहीं है जहाँ जीवन में विवेक और प्रभुता है।

111. हे मित्र!
किसी को अपमानित करने के बजाय यदि आप विनम्रतापूर्वक सम्मुख आते हैं तो निश्चय ही आप सत्य, शान्ति और विवेक के अधिक निकट होते हैं। क्यों न हम स्वयं को उस गौ की तरह मान लें जो सूखी घास खाकर भी मीठा दूध देती है।

112. हे मित्र!
व्यक्तित्व को प्रभावशाली बनाइए, उसके लिए व्यवहार में विनम्रता और बोली में मधुरता आवश्यक है। क्योंकि विनम्रता दूध का कार्य करेगी और मधुरता शरबत का।

113. हे मित्र!
जीवन में झुकना सीखिए, बड़े-बड़े सख्त खँडहर हुए हैं और बड़े-बड़े राजा-महाराज चला चली के खेल का हिस्सा बने हैं, तो फिर हमारा अहंकार किस काम का। जो शीष मुकुट धारण करता था, वहीं श्मशान में ठोकर खाया करता है। अतः अहंकार छोड़ो, विनम्रता ही मानव की पहचान है।

114. हे मित्र!
स्वयं को इतना भी बड़ा मत मानिए कि दूसरों को आप तुच्छ समझने लगें। क्योंकि लघुता से प्रभुता मिलती है। छोटों को भी गले लगाने की आदत डालो। दूसरों को सम्मान देना ही सम्मानित व्यक्ति की महानता है।

115. हे मित्र!

जीवन में अहंकार किस बात का? आसमान को देखो तो सोचो कि हम आसमान से ऊपर उठ नहीं सकते और जमीन को देखो तो सोचो कि घमण्ड किस बात का, अन्ततः सबको इसी मिट्टी में मिलना है। आखिर सबकी नाव समुद्र में है, न जाने किस क्षण क्या हो जाये।

116. हे मित्र!

जीवन की गाड़ी में विनम्रता का ग्रीस लगाइए। प्रतिदिन बड़ों का सम्मान कीजिए और गुरुजनों का चरण स्पर्श कीजिए, सबके साथ प्रेम, वात्सल्य और विनम्रता का व्यवहार कीजिए। आपको उनके आशीर्वाद, सहयोग एवं आत्मीयता तीनों स्वतः ही प्राप्त हो जायेंगे।

117. हे मित्र!

ज्ञानी की सरलता और अमीर की विनम्रता ज्ञान और धन से भी ज्यादा प्रभावी होती है। सत्ताशील, सम्पत्तिवान और सन्त हो जाने पर भी यदि आप अपनी सरलता, मधुरता और विनम्रता को बनाये रखते हैं तो सफलता के साथ लोकप्रियता का अनमोल खजाना भी आपको अनायास ही उपलब्ध हो जायेगा।

118. हे मित्र!

पके हुए फल की तीन पहचान होती है। (1) वह नरम हो जाता है, (2) स्वाद में मीठा हो जाता है, (3) उसका रंग बदल जाता है। ठीक उसी प्रकार परिपक्व इनसान की भी तीन पहचान होती है—(1) उसमें नम्रता होती है, (2) वाणी में मिठास आती है, (3) उस पर आत्मविश्वास का रंग चढ़ जाता है।

119. हे मित्र!

ऊँचा उठने के लिए पंखों की आवश्यकता पक्षियों को पड़ती है, इनसान जितना नीचे झुकता है, उतना ही ऊपर उठता है।

120. हे मित्र!

मान अज्ञानता की पहचान है। जिसके हृदय में अज्ञान होता है, वही मान करता है। जो वास्तविकता को जानता है वह कहता है, किसका मान करूँ। राजा को रंक और रंक को राजा बनते, पण्डित को पागल और पागल को पण्डित बनते, रूपवान को कुरूप और कुरूप को रूपवान बनते देर नहीं लगती। कब किसकी लॉटरी खुले और कब किसकी लुटिया डूबे, कोई गारंटी नहीं।

तुम किसका अभिमान करते हो, दुनिया में बहुत सारे लोग जो वैभव के शिखर पर पहुँचे फिर भी वह उनके साथ नहीं रहा।

POLITENESS

110. Humility is an integral part of man. Wear it because from humility conscience is born and from prudence the truth. Truth is the abode of GOD and sovereignty is where there is wisdom and conscience in life.

111. Instead of humiliating anyone, if we behave politely then are definitely close to true peace and wisdom. Why don't we make ourselves like a cow that returns sweet milk even after eating dry grasses.

112. Make the personality impressive. For this humility in behavior and sweetness in speech is very important because humility will work as milk and sweetness as syrup.

113. Learn to bow down in life. Big hard ruins have happened and great kings have become a part of the game of impermanence, then what is the use of our ego. The head which wears the crown, stumbles in the crematorium. So drop the ego, humility is the identity of man.

114. Don't consider yourself too big that you start to despise others because it is in smallness that mastery is found. Make a habit of hugging the little ones too. Giving respect to others is the greatness of a respected person.

115. What is ego in life. Look at the sky and think that we cannot rise above the sky and look at the ground then think what pride we all have when we have to get in this soil in the last. After all everyone's boat is in the sea. Anything can happen at any moment.

116. Put the grease of humility in the cart of life. Respect elders

every day. Worship Gurus and treat all with love respect and humility. You get their blessings, kindred spirit and co-operation.

117. The simplicity of the wise and the humility of the rich would have been more effective than knowledge and wealth. If you maintain your simplicity, sweetness and humility even after becoming a position holder, wealthier and saint, then in addition to success it will also provide you with precious treasure of popularity.

118. The ripe fruit has 3 identities (1) it become soft (2) it become sweeter in taste (3) it changes its colour. In the same manner Matured Person has also three identities– (1) he develops humility, (2) there is sweetness in his speech,
(3) Heis covered with confidence.

119. Birds need wings to rise high. The more a person bows down, the more he rises.

120. Proudness is the identity of ignorance. Those person who are ignorant only feel Proud . He who knows the reality says for what should I feel proud. It does not take long for a king to become poor and poor to become king, wise person to become mad and idiot to become wise, Handsome become Ugly and ugly to become handsome. There is no guarantee of getting lottery or become zero. There are many people in the world who reached to the pinnacle of splendor but that dose not last with them forever.

सम्बन्ध (रिश्ते)

121. हे मित्र!
रिश्ते चाहे जितने भी बुरे क्यों न हों पर उन्हें तोड़ने की गलती मत करना, गन्दा पानी पीने के काम न आये तो क्या हुआ, आग बुझाने का काम तो आता ही है।

122. हे मित्र!
भाई-भाई के बीच मनमुटाव और स्वार्थ-भावना का त्याग कीजिए, नहीं तो आपका घर नरक बन जायेगा। भाई के प्रति प्रेम और त्याग की भावना अपनाइए, घर का स्वर्ग सुरक्षित रहेगा।

123. हे मित्र!
अच्छे और सच्चे रिश्ते न तो खरीदे जा सकते हैं, न ही उधार लिए जा सकते हैं, इसलिए उन लोगों को जरूर महत्त्व दें जो आपको महत्त्व देते हैं।

124. हे मित्र!
रिश्तों की बगिया में एक रिश्ता नीम के पेड़ जैसा भी रखना जो सीख भले ही कड़वी देता है, पर तकलीफ में मरहम भी बनता है।

RELATIONS

121. No matter how bad the relationship is, do not break it as dirty water cannot be used for drinking but still it can be used to extinguish a fire.

122. Remove the differences and selfishness between brothers otherwise your home will become ahell . The home becomes heaven with the feelings of love and sacrifice for the brother.

123. Good and true relationships can neither be bought nor borrowed. So give importance to those people who give importance to you.

124. In the garden of relationships, a relationship should also be kept like a neem tree, which may give bitter lessons but also becomes an ointment in trouble.

सकारात्मक सोच

125. हे मित्र!
मन के विचारों को सकारात्मक बनाएँ। सकारात्मक सोच होने पर हमारा चित्र दुश्प्रभावित नहीं होता। दृष्टान्त है—एक सन्त हुए है—एक दिन वे रास्ते से जा रहे थे।

किसी विरोधी ने उन पर ऊपर से राख गिरा दी—उन्होंने ऊपर देखा और इतना ही कहा—“धन्यवाद है प्रभु तेरा।” और राख झाड़कर आगे बढ़ गये। उनके साथ चलने वाले व्यक्ति पर भी कुछ राख गिरी थी। वह गुस्से में भर गया लेकिन जब सन्त ने कुछ नहीं कहा, तब वह भी राख फेंकने वाले को कुछ कहने की हिम्मत न कर सका। कुछ दूर आगे सन्त के साथ-साथ चलता हुआ वह बोला—यह तो ठीक है आपने उसे कुछ नहीं कहा। चूँकि आप सन्त हैं, पर आपने आसमान की ओर देखकर प्रभु का धन्यवाद क्यों किया? सन्त मुस्कुराये और बोले-उसने मुझ पर राख ही तो गिरायी मेझ में तो इतने दुर्गुण हैं कि वह आग भी फेंकता तो कम था। सन्त के विचार सुनकर उस आदमी का हृदय पिघल गया। सच है स्वयं पर नियन्त्रण रखना और विचारों को सकारात्मक रखना ही साधना है।

126. हे मित्र!

बुरा न हो ऐसी कोई व्यवस्था नहीं लेकिन बुरा भी तुम्हें बूरा (अच्छा) लगने लगे ऐसी व्यवस्था है। बुरे को टालने की कोशिश मत करो अपितु बुरे को भी अच्छा बनाने की सामर्थ्य उत्पन्न करो, अपना चिन्तन बदल लो तो बुरा भी बूरा लगेगा।

127. हे मित्र!

असफलता के कारण निराश मत होईए। अपितु यह सोचिए कि उसने आपको सँभलकर चलने की प्रेरणा दी है, असफल होने पर भाग्य को दोष देने के स्थान पर यह देखिए कि प्रबन्धन कहाँ कमजोर रहा। ध्यान रखें, एक कमजोर कड़ी पूरे जहाज को डुबो देती है।

128. हे मित्र!

सकारात्मक सोच, मधुरवाणी, विनम्र व्यवहार, उदार हृदय और समय व वचन प्रतिबद्धता अच्छे व्यक्तित्व की निशानी है, इन्हें अपनाइए।

129. हे मित्र!

जीवन से बुराइयों को हटाने के लिए अच्छाइयों को जमा कीजिए। जैसे-जैसे हम सकारात्मकता को जीवन में जोड़ने में सफल होते जायेंगे, निराशा, कुण्ठा और क्रोध हमारे जीवन से स्वतः ही घटते जायेंगे।

130. हे मित्र!

अपने दिमाग के आलय में जमे हुए जालों को साफ कीजिए। चिन्ता, तनाव, क्रोध, कुण्ठा की मकड़ियाँ इसमें दिन-रात जाले बुनती रहती हैं। शान्ति, प्रेम, आत्मविश्वास और प्रसन्नता के गुलदस्तों से अपने दिमाग को सौम्य और ऊर्जावान बनाइए।

POSITIVE THINKING

125. Make the thought of the mind positive. Our mind is not affected badly if we have positive thoughts. I have heard that a saint was going through a path. An opponent dropped ashes from the top. Saint looked up and thanked god. Ashes also dropped on the person walking with him. He was filled with anger. But when saint did not said anything. He too could not gather courage to do anything and abuse the thrower. After going some distance he asked the saint-"Guruji tell me one thing. You are a saint and you did not get angry but I could not understand why you looked at the sky and thanked god. What does this mean?" Saint smiled and said "he threw ashes on me only or else I am so bad in my life that putting me in fire would be less." Hearing the thoughts of the saint, that man's heart melted. True, to control oneself and to keep the thoughts positive is meditation.

126. There is no such system that bad does not come to you but such a system is there that bad makes you feel good. Do not try to avoid bad, but create the ability to make the bad good. If you change your mind, then bad will also feel good.

127. Do not be discouraged because of the failure, but think that it inspired you to walk well. In case of failure see where the management was weak instead of cursing thefate. A weak link sinks the entire ship.

128. Positive thinking, Politeness, Humbleness, Generousheart and punctuality of time and speech are signs of good personality. Adopt them.

129. Accumulate the good to remove the evils from life. As we become successful in adding positivity in life, frustrationand anger will automatically decrease from our life.

130. Clean the webs of your mind. Anxiety, tension, anger and frustration keep weaving webs in it day and night. Make your mind gentle and energatic with a bouquet of Peace, love happiness and confidence.

संस्कार

131. हे मित्र!
घर के बुजुर्गों को ऐसा वृक्ष समझिए जो फल भले ही न दे पाते हो अपितु छाया की भाँति अपने अनुभवों की शीतलता से अवश्य लाभान्वित करते हैं संस्कार शीलता से ही वृद्धसेवा के गुण पुष्पित होते हैं।

132. हे मित्र!
सन्तान को मात्र सम्पत्ति नहीं, समय और संस्कार भी दीजिए, ताकि आपके घर में खिला पौधा आपको बरगद की विराटता और सुख की छाया दे सके।

133. हे मित्र!
ज़िन्दगी की सुन्दरता इस बात में नहीं कि आप कितने खुश हैं बल्कि सुन्दरता इस बात में है कि कितने लोग आपसे खुश हैं।

134. हे मित्र!
सबसे बड़ी दौलत चारित्र की सम्पत्ति है जो दुनिया की तमाम दौलतों से बढ़कर है। यदि चरित्र का निर्माण न हुआ तो सारे रचनात्मक कार्य व्यर्थ हैं।

SANSKAR

131. Understand the elders of your house as a tree which may not be able to give fruits, But will definitely benefit you from the cool shade of their experiences.

132. Give your child not only property but also time and rituals, so that the plant feeding in your house can give you the shade of banyan and happiness.

133. The beauty of life is not in how happy you are but in how many people are happy with you.

134. The greatest wealth is the wealth of character, which is greater than all the wealth of the world. If character is not formed then all creative work is in vain.

संकल्प

135. हे मित्र!
खोदते-खोदते तो धरती से भी पानी निकल आता है और चढ़ते-चढ़ते एवरेस्ट पर भी विजय प्राप्त हो जाती है। मन का संकल्प और शरीर का पराक्रम यदि एक साथ प्रयुक्त किया जाये तो निश्चित ही सफलता मिलती है।

136. हे मित्र!
संकल्प शक्ति सफलता का मंगलाचरण है। अपनी संकल्प शक्ति को जागृत करो—पत्थर मजबूत होता है, पर लोहा पत्थर को तोड़ देता है। आग लोहे से भी अधिक शक्तिशाली होती है जो लोहे को पिघला देती है, पानी आग से भी ज्यादा शक्तिशाली है जो आग को बुझा देता है। पर इन सबसे अधिक शक्तिशाली है मानव की संकल्प शक्ति जो इन सबको अपने वश में कर लेती है।

137. हे मित्र!
आपत्तियों से घबराइए नहीं। आपका जीवन पड़े रहने के लिए नहीं है। अपने से आगे बढ़ चुके या बढ़ रहे श्रेष्ठ पुरुषों से प्रेरणा लीजिए और संकल्प शक्ति को जागृत कर आत्मविश्वास के साथ प्रयत्नशील हो जाइए।

138. हे मित्र!
आप आज भले ही जीरो पर हों, पर विश्वास रखें अपने कदमों पर और संकल्प के साथ आगे बढ़े चलें। क्योंकि जीरो ही बढ़ते-बढ़ते एक दिन हीरो बनता है।

139. हे मित्र!
अपने लक्ष्य और कार्य को गम्भीरता से लीजिए, गुरु द्रोणाचार्य भले ही सम्मुख ही नहीं अपितु उनकी मिट्टी की मूर्ति भी प्रेरणा और मार्गदर्शन की रोशनी देती हुई दिखाई देनी लग जाये।

140. हे मित्र्!
लक्ष्यरहित जीवन उस बिना पते लिखे लिफाफे जैसा होता है। जिसके पहुँचाने की कोई मंजिल नहीं होती।

141. हे मित्र!
लक्ष्य बनाइए और लक्ष्य को पूरा करने के लिए प्राणपण से लग जाइए। घिसते-घिसते तो पाषाण भी मूर्ति बन जाती है और बूँद-बूँद से घड़ा भर जाता है। जो बूँद अभी छोटी लगती है, वही जुड़ते-जुड़ते एक दिन बिजली पैदा करने वाले बाँध का रूप ले सकती है।

142. हे मित्र!
हर मंज़िल के रास्ते होते हैं और हर रास्ते पर मुश्किलें। मन में अगर उमंग है और लक्ष्य के प्रति दृढ़ता तो विश्वास रखिए जीत आपकी है।

143. हे मित्र!
स्पष्ट लक्ष्य, महान सोच, बेहतर कार्यशैली, आत्मविश्वास, दृढ़ संकल्प और धैर्य ही सफलता का मूलमन्त्र है, इसे धारण करें।

DETERMINATION

135. With the continous effort, While digging water comes out of the ground and Everest is also conquered. If the minds determination and body's strength are put together, success will surely be achieved.

136. Awaken the will Power. Will Power is the invocation of success. The greatest power of human being is his will power. It is believed that stone is strong but iron breaks the stone.

Fire is more powerful than Iron which also melts iron. Water is more powerful than fire which extinguishes even fire, but the determination power of man is more powerful than stone, iron, fire and water which can also subdue these four.

137. Don't be afraid of objections, your life is not meant to be lying around. Take inspiration from the best men who have gone ahead or are rising above you and awaken the will power and try with confidence.

138. Today, even if you one standing on zero, believe in your footsteps and move ahead with determination because zero only grows one day to become a hero.

139. Take your goal and work so seriously that not only Dronacharya, his clay idol also be seen giving light of inspiration & guidance.

140. A goalless life is like an envelope with no written destination. So walk with target.

141. Make a goal and stick to life whole heartedly to complete the goal. The stone can also become an idol and the pot can be filled with drops. The drop that seems small, can take the form of dam that generates electricity.

142. There are paths to every goal and difficulties on every path too. If you have zeal and perseverance towards your goal, believe the victory is yours.

143. Clear goals, great thinking, better work style, confidence, determination and patience are the key to success. Develop these qualities in yourself.

प्रसन्नता

144. हे मित्र!

स्वयं को सरल, विनम्र और मधुर बनाइए। स्वभाव में मृदुता और सरसता होना

मनुष्यता की पहचान है। जो लकड़ी सीधी होती है वह राष्ट्रध्वज व धर्मध्वज को लहराने का गौरव प्राप्त करती है। टेढ़ी-मेढ़ी लकड़ियाँ तो मात्र चूल्हे में ही जलाई जाती हैं।

145. हे मित्र!
जब दो पल मुस्कराने से फोटो सुन्दर आता है, तो हर पल मुस्कराने से क्या आपका जीवन सुन्दर नहीं हो जायेगा?

146. हे मित्र!
अवसाद से बचने की सर्वश्रेष्ठ औषधि है—हर समय प्रसन्न रहिए। चाहे जैसी परिस्थिति हो जाये अपनी प्रसन्नता को किसी के पास गिरवी मत रखिए।

147. हे मित्र!
अनुभवों को अपने जीवन का अध्यापक बनाइए, गलती हो जाने पर केवल सॉरी कहकर नजरअन्दाज मत कीजिए। गलती महसूस कीजिए और उससे सीख लेते हुए अच्छे परिणाम के लिए फिर से तत्पर हो जाइए।

148. हे मित्र!
एक सुखद जीवन के लिए मस्तिष्क में सत्यता, होठों पर प्रसन्नता और हृदय में पवित्रता अनिवार्य है।

149. हे मित्र!
कठोर चेहरा चट्टान की तरह होता है और मुस्कराता हुआ चेहरा गुलाब की तरह, आप स्वयं ही निर्णय कीजिए कि आप गुलाब होना चाहते हैं या चट्टान? निश्चित ही दूसरों को खुशियाँ वही बाँट सकेगा जो स्वयं खुशमिजाज हो या गुलाब की तरह खिला रहता हो।

HAPPINESS

144. Simplify yourself, be polite. Sweet softness in nature is the hallmark of human beings. The wood that is straight enjoys the distinction of hoisting the national flag and the flag of religion. Crooked wood is lit only in the stoves.

145. When smiling for two moments makes the picture beautiful, won't your life become beautiful by smiling every moment?

146. It is the best medicine to get rid of depression. Always be happy, no matter what happens. Don't mortgage your happiness to anyone.

147. Make experiences the teacher of your life. When you are mistaken don't just ignore it by saying sorry. Feel the mistake, take lesson from it and get ready again for better results.

148. Truth in the mind, happiness on the lips and purity in the heart are essential for a happy life.

149. The hard face is like a rock and the smiling face is like a rose. You decide for yourself whether you want to be a rose or rock. Only those can share happiness with other who are happly and blossom like a rose.

समय

150. हे मित्र!
समय अनमोल रत्न है। समय का अपव्यय जीवन का अपव्यय है। समय का उपयोग जीवन का उपयोग है। प्रश्न यह नहीं है कि हमारे पास समय कितना है? प्रश्न यह है कि हम अपने समय का उपयोग किस प्रकार करते हैं? कितने भी महान पुरुष-टाटा, बिड़ला, मोदी, अम्बानी आदि देख लीजिए, सभी के पास में ही चौबीस घण्टे हैं। अतः समय की कमी नहीं समय के सदुपयोग पर केन्द्रित रहना चाहिए।

151. हे मित्र!
समय का मूल्य पहचानिए। सार्थक एवं महत्त्वपूर्ण कार्यों में व्यतीत किया गया समय तिजोरी में सुरक्षित हो जाता है, जबकि व्यर्थ की बातों में गँवाया गया समय कूड़ेदान में चला जाता है।

152. हे मित्र!
समय एक अर्थवान् बहुमूल्य वस्तु है। उसकी कीमत समझे। समय का मूल्य सफल ज्ञानी प्रज्ञा पुरुष ही समझते हैं, अज्ञानी तो समय को व्यर्थ ही नष्ट करते हैं।

TIME

150. Time is a precious gem. Wastage of time is wastage of life. The use of time is the use of life. The question is not how much time we have. The question is what we do of it. Do not even say that we don't have time. We have also the same 24 hours a day as many great persons, Saints and Iron man have like Tata, Birla, Ambani, Modi etc.

151. Identify the value of time. Time spent in meaningful work in saved in the vault. The same pointless talks and gossips are gone in the dustbin.

152. Time is a valuable thing. Understand its value. Only successful wise men understand the value of time. The ignorant waste time in vain.

सहिष्णुता

153. हे मित्र!

सहिष्णुता ही समरसता व शान्ति का संचार करके मनुष्य में सन्तत्व जागृत करती है। इसी सन्तत्व से मनुष्य का गाय जैसा स्वभाव बनता है। जो घास खाकर दूध लौटाती है। हमें स्वयं की समीक्षा करनी चाहिए। हम खा क्या रहे हैं और प्रतिदिन क्या कर रहे हैं। अच्छे स्वभाव के स्वामी बने।

154. हे मित्र!

अपशब्दों को सुनकर अपसेट मत हो, स्वयं पर नियन्त्रण रखो। कर्कश, कठोर, अपशब्दों को अस्वीकार करना भी वाणी संयम का भाव है। किसी की गाली खाना, खोटे वचन बोलना तो उस रिश्तेदार की तरह समझना चाहिए, जिसे तुम खाना खिलाना चाहो और वह न खाए, ऐसा अस्वीकार का भाव रखो, यही साम्यता का उपादान निर्मलता का सूत्र है।

155. हे मित्र!

साम्य-साधना का सतत अभ्यास करो। जीवन-मरण, सँयोग-वियोग, हर्ष-विषाद में साम्यभाव रखना महान साधना है। सम्पूर्ण साधनाओं का उद्‌देश्य यही है और सही अर्थों में साम्य भाव ही सारभूत है।

TOLERANCE

153. The first quality of a saint is tolerance and generosity. The nature of a saint should be like a cow. If caw eats the grass, it also returns the milk. We should review our nature. We should see what we are eating or doing daily. You should become a master of good nature.

154. Do not get upset by listening to the bad words, keep control of yourse lf. Rejecting harsh abusive words is also a gesture of speech restraints. If someone abuses you. Act like that relative whom you served food and he did not accepted. Keep this feeling of rejection. This is the source of purity.

155. Practice continously to remain uniform in all circumstances. It is a great sadhana to have a feeling of uniformity in the situation of life-death, coincidence-disconnection, joy-sadness. This is the purpose of all the sadhanas and in the true sense the uniform is basis of all.

सरलता

156. हे मित्र!

शरीर का सबसे खूबसूरत हिस्सा हमारा दिल है, यदि यही खूबसूरत नहीं है तो चमकता चेहरा किस काम का। काला चेहरा चलेगा पर काला दिल नहीं। तन के काले मन के गोरों को तो मोक्ष हो सकता है, मगर मन के काले और तन के गोरों को मोक्ष सम्भव नहीं।

157. हे मित्र!

संकीर्णता को छोड़ना और स्व को विस्तृत बनाना ही महानता की निशानी है। ज्यों-ज्यों व्यक्ति महान बनने की दिशा में आगे बढ़ता है त्यों-त्यों उसका जीवन विकसित होता चला जाता है। विकास के चरम शिखर पर पहुँचने वाला ही परमात्मा बनता है।

158. हे मित्र!

सम्पूर्ण साधना-आराधना में समता-रस की सुगन्ध आनी चाहिए। जैसे सुवास रहित पुष्प, आभारहित मोती और चेतनरहित देह व्यर्थ है। वैसे ही समतारहित साधना व्यर्थ है। वस्तुतः साधना आराधना की सुगन्ध सरल हृदय व समता से आती है।

159. हे मित्र!

माया की माया से निज को मत ठगो, माया मानवता को नष्ट कर देती है। मायाचारी में न तो सत्य ठहरता है, न शौच, सरलता, मृदुता भी विलीन हो जाती है और सत्य अहिंसा को माया पास ही नहीं आने देती।

SIMPLICITY

156. The most beautiful part of the body is our heart. If that is not beautiful than what is the use of shining face. A black face will work, but not a black heart because a black face with pure soul can attain salvation but not with an impure heart and beautiful body.

157. The process of becoming great is to give up narrowness and expand oneself. As a person moves in the direction of becoming a mahatma his life continues to develop. Only one who reaches the peak of the stage of development becomes divine.

158. In the entire worship and practise, aroma of impartial must be present just as flowers without fragnance, pearl without glow and body without conscious is meaningless, Similarly parity is the essence of all meditation.

159. Do not deceive yourself with the illusion of Guile. Guile destroys humanity. There is neither truth nor simplicity found in deceptive persons. Simplicity also disappears and Illusion does not allow truth and non-violence to come near.

शान्ति

160. हे मित्र!
यदि हम अनुकूल प्रतिकूल सभी परिस्थिति में शान्त प्रसन्न और स्थिर हैं तो हम बुद्ध हैं और यदि बात बेबात खिन्न या उद्विग्न होते हैं तो सचमुच आप बुद्धू हैं, विचारे यदि बुद्ध का द्वार खुला है, तो बुद्धूपन का शिकार क्यों हो रहे हैं।

161. हे मित्र!
अपने दिमाग के वातायान में जमे हुए जालों को साफ कीजिए। चिन्ता, तनाव, क्रोध, कुण्ठा और अशान्ति की मकड़ियाँ साफ कीजिए। तभी शान्ति, प्रेम, प्रसन्नता और आत्म-विश्वास की शुद्ध वायु मस्तिष्क को सौम्य और ऊर्जस्वित बनायेगी।

162. हे मित्र!
चिन्ता नहीं, चिन्तन करो। चिन्तन से चैतन्य मिलता है, जबकि चिन्ता विवेक बुद्धि को नष्ट करती है। चिन्ता व्याधियों का घर है। चिन्ता में अवसाद, असन्तोष, मानसिक तनाव, बेचैनी आदि विकार उत्पन्न होते हैं। अतः चिन्ता छोड़ चिन्तन की दिशा पकड़ो। चिन्तन से प्रसन्नता व आत्म शुद्धि का महल तैयार होता है, आत्मशक्ति मिलती है।

163. हे मित्र!
होश और शोधपूर्वक जीना सीखो, सहजता से जिओ, आरोपित जीवन नहीं। केवल होश और बोध हमारे हाथ में हैं तो प्रत्येक कठिनाइयों और मुसीबतों से सहज ही पार हो जाओगे।

164. हे मित्र!
कल्पनाओं के पंख उतने ही फैलाइए, जितनी उड़ने की ताकत हो। कोरी कल्पनाएँ जहाँ व्यक्ति को शेखचिल्ली बनायेगी, वहीं चिन्ता और अवसाद की गहरी खाइयाँ भी खोद डालेगी।

165. हे मित्र!
आज प्रत्येक व्यक्ति गैस का सिलेण्डर हो गया है। अन्तरंग में दहकता लिए घूमता है। जरा सी चिंगारी लगी नहीं भड़क उठता है। माचिस की तीली की भाँति जरा-जरा सी बात पर जल उठता है। संयम यही सिखाता है। गैस का सिलेण्डर,

माचिस की तीली नहीं बनो, बर्फ की तरह शीतल न बन सको, न सही, शान्त तो बनो। जो शान्त होते हैं, वे ही सन्त होते हैं। बाहर का सन्त न बन सको तो कोई बात नहीं पर अन्तरंग से सन्त बनना महत्त्वपूर्ण है।

166. हे मित्र!
स्वयं का शान्तिमय होना घर, समाज और अध्यात्म की सबसे बड़ी सेवा है। जो स्वयं शान्तिमय होते हैं, वे ही दूसरो को सेवा और शान्ति का सुकून दे सकते हैं।

167. हे मित्र!
जो अपने अन्तर्मन को शान्तिमय और आनन्दमय बनाते हैं, वे कमल के फूल की तरह खिल उठते हैं ऐसे लोग जहाँ भी रहते हैं, उनसे शान्ति और आनन्द का स्वर्ग ही स्थापित होता है।

PEACE

160. If you are calm gentle and smiling in every situation you are Buddha. On the other hand if you get upset and depressed about small things then you are truly a fool. Well, when the door of Buddha is open why you want to become a victim of a fool.

161. Clean the webs of your mind. Anxiety, tension, anger and frustration keep weaving webs in it day and night. Make your mind gentle and energatic with a bouquet of Peace, love happiness and confidence.

162. Do not worry, contemplation blossoms while worry destroys the wisdom and give rise to many diseases. Stress restlessness etc. disorders arise from anxiety. So leave worry, hold the direction of contemplation. It will help you in happiness and soul purity.

163. Learn to live consciously. Live spontaneous and not an accused life. If we control our senses and perception then we can easily overcome from all difficulties and troubles.

164. Let the wings of the imagination run as much as it has power to fly. Only imagination makes a person "sheikhchilli" and also dig deep gaps of anxiety and depression.

165. Today every person is like a cylinder of gas. He blasts with a small spark. He has become a matchmaker. He blasts on small matters. Abstinence teaches us not to become a gas cylinder. Its true that we cannot be as cold as ice but we can be calm. If you can't be a saint be calm. A calm person is like a saint . It is important to be saint from behavior.

166. Being at peace with oneself is the greatest service to home, society and spirituality. Those who are in peace themselves can give peace to others.

167. Those who make themselves peaceful and blissful blossom like a lotus flower whenever such people live, a heaven of peace and bliss is established by them.

ज्ञान

168. हे मित्र!
ज्ञान से बढ़कर कोई धन नहीं होता। सारी धन सम्पदा ज्ञान के द्वार से ही आती है। सूर्य केवल दिन में उजाला देता है और चाँद सिर्फ रात में, लेकिन ज्ञान दिन और रात हमेशा उजाला देता है। आप किसी भी आयु के हों प्रतिदिन सत्साहित्य पढ़ने की आदत डालो। खुद पढ़ें औरों को पढ़ाएँ।

169. हे मित्र!
"स्व" और "पर" को एक रूप जानने का हेतु अज्ञान है, इसी अज्ञान से पर-द्रव्य का परिग्रहण है, सचमुच ही सम्पूर्ण अपराधों का मूल कारण अज्ञान है, अज्ञान ही संसार है अतः ज्ञान का प्रकाश करो।

KNOWLEDGE

168. There is no wealth more than knowledge. All wealth come from the door of knowledge. The sun illuminates only in

day time and the moon at night but knowledge illuminates all time. No matter what age you are, read good literature everyday and make read to others as well.

169. To know and understand self and others as one is ignorance. Due to this ignorance we get attached to others. Indeed, the root cause of all crimes is ignorance. Ignorance is the world, so shine with the light of knowledge.

स्वानुभूति

170. हे मित्र!
'पर' के प्रति राग का अभाव हो जाना ही 'स्व' की ओर आना है। 'पर' को पर मानकर जब तक नहीं छोड़ेगे तब तक "स्व समय" की प्राप्ति सम्भव नहीं है। स्व समय का स्वाद तभी आयेगा जब 'पर' का विमोचन होगा।

171. हे मित्र!
"स्व" का अवलम्बन लेना ही जीवन है, "पर" का अवलम्बन लेना, विषयों का अवलम्बन लेना मृत्यु की ओर बढ़ना है। इसीलिए विषयों के विष से पृथक होकर जीवन जीने का समीचीन पुरुषार्थ करो। क्योंकि सर्व परिग्रह से मुक्त होकर आत्म-अनुभव करना ही सारभूत है।

172. हे मित्र!
संसार में संसार को जानने से क्या प्रयोजन? जानना है तो उसे जानो जो संसार को जान रहा है। वह कौन है? वह मैं हूँ। मैं को जान लिया तो सबको जान लिया। अतः 'स्व' को जानने वाला ही स्वयंभू बनता है।

173. हे मित्र!
एक मात्र ध्रुव स्वरूपी आत्मतत्त्व को जानो, उसे ही पहचानो, उसे ही मानो। अन्य तो अन्य है, अन्य अनन्य नहीं। जो एक ज्ञायक स्वभावी निज चैतन्य को जानता है वह सबको जानता है।

174. हे मित्र!
नवनीत कभी नीर के मन्थन से नहीं मिलता। सुख, शान्ति और आनन्द तो अपनी आत्मा में ही है। पर पदार्थ में शान्ति कहाँ? परखो स्वयं को 'पर' खो जाये जहाँ वहाँ शान्ति का अक्षय भण्डार है।

175. हे मित्र!
विषय कषाय की कामना छोड़ो और निरन्तर मुक्ति की कामना करो। अमृत तुल्य जो सद्गुण है उन्हें स्वीकारो, निज में निश्चय धारण कर क्षमादि भावों को हृदय में रख चिदानन्द ब्रह्म में लीन होनेवाला ही चैतन्य का परमानन्द पाता है।

SELF FEELING

170. Lack of feeling for others is to come close towards self. Unless you leave the feeling towards others, you cannot come close to self. The taste of self will come only after leaving others.

171. Life is all about taking care of self. To rely on others, to rely on objects is to move towards death. Therefore, make the right effort to live life separated from the poison of objects, because it is essential to experience the self by being free from all alienation.

172. What is the purpose of knowing the world in world. It you want to know, Know him who Knows the whole world. Who is he? Its me. Infact one who knows himself become self proclaimed.

173. Know the only pole-like self element, recognize it, believe it only.The other is the other, the other is not exclusive. A person who knows the natural personal consciousness, he knows all.

174. There is happiness, peace and joy in your soul only. We cannot find peace outside. We should analyze ourselves. There is a storehouse of peace where there is no attachment.

175. Leave the desire and feel the feeling of constant liberation. Accept the virtues that are immortal. By imbibing self-confidence, keeping forgiveness etc. in the heart, Chidananda attains the ecstasy of Chaitanya only by being absorbed in Brahma.

सन्तोष

176. हे मित्र!
सन्तोष जीवन का परम धन है, सन्तोष का यह अर्थ नहीं है कि अब आप कुछ न करें, वरन् यह है कि जो आपको मिला है, पहले उसे खुशी से जी लें, अनावश्यक दौड़ न हो।

177. हे मित्र!
स्वागत करो, सबका स्वागत करो चाहे दुःख हो या सुख। मन में खेद खिन्नता आयेगी ही नहीं, यही तपस्या है, जो व्यक्ति अपनी स्थिति से सन्तुष्ट नहीं वह कभी सुखी नहीं हो सकता और जो अपनी स्थिति से सन्तुष्ट है वह कभी दुःखी नहीं हो सकता।

178. हे मित्र!
अपनी अपेक्षाओं की डोर छोटी करो, अपमानों के रेशमी धागे में न उलझो और अधिकारों के सिंहासन से ऊपर उठो, आपका आवेश स्वतः संयत हो जायेगा।

SATISFACTION

176. Contentment is the ultimate wealth of life. Contentment does not mean that you do nothing, rather it is to live happily with what you have got. Do not race unnecessarily.

177. Welcome everyone whether there is sorrow or happiness. Then there will be no regret in the mind. If a man is not satisfied with his condition, he can never be happy and he who is satisfied with his position can never be unhappy.

178. Shorten the strings of your expectations. Don't get entangled in the silk thread of insults and rise above the throne of rights. Your passion will automatically be controlled.

प्रेम

179. हे मित्र!
प्रेम और वात्सल्य के अभाव में धर्म टिक नहीं सकता। वात्सल्य गुण सम्यग्दर्शन का अंग है। जीवन में वात्सल्य का वही स्थान है जो कि शरीर में हृदय का। हृदय गति के अवरुद्ध होते ही शरीर छूट जाता है। इसी प्रकार वात्सल्य भाव का अभाव होते ही धर्म छूट जाता है।

180. हे मित्र!
वात्सल्य शब्द 'वत्स' से बना है। जैसे गाय अपने बछड़े से आन्तरिक व निश्छल प्रीत रखती है, बछड़े को देखते ही उसका रोम-रोम पुलकित हो जाता है, वैसे ही हमें प्रत्येक साधर्मी के प्रति वात्सल्य का भाव रखना चाहिए। सामाजिक चेतना के स्फुरण वात्सल्य का विशिष्ट स्थान है। वस्तुतः प्रेम-वात्सल्य जीवन में माधुर्य का रस घोलता है।

181. हे मित्र!
जैसे मरुस्थल के सूखे हुए ठूँठ में कोपलें नहीं फूट सकतीं, उसी प्रकार प्रेम रहित मनुष्य का जीवन कभी भी फल फूल नहीं सकता। प्रेम जीवन का आन्तरिक सौन्दर्य है। प्रेम वात्सल्य के अभाव में बाहरी सौन्दर्य अर्थहीन है। प्रेम वात्सल्य जीवन का प्राण है। जिसमें प्रेम व वात्सल्य नहीं वह मात्र मांस लिपटी हड्डियों का ढेर है।

182. हे मित्र!
इन्सान प्यार करने के लिए होता है जबकि पैसा उपयोग करने के लिए किन्तु लोग प्यार पैसे से करते हैं और उपयोग इन्सान का करते हैं।

183. हे मित्र!
जो दूसरों से प्रेम और वात्सल्यमयी व्यवहार करता है, वह सर्वत्र आदर पाता है। इसके विपरीत जो दूसरों से घृणा करता है, तिरस्कार करता है, वह स्वयं भी घृणित और तिरस्कृत हो जाता है। सन्त कहते हैं सबसे दूध पानी जैसा व्यवहार करो, तेल पानी जैसा नहीं। दूध और पानी की तरह घुल-मिलकर रहने वाला समाज ही निरन्तर प्रगतिशील रहता है।

LOVE

179. Religion cannot survive in the absence of love and affection. Vatsalya quality is a part of right philosophy. Vatsalya has the same place in life as the heart in the body. As soon as the heart rate stops, the body leaves. Similarly, when there is a lack of Vatsalya, religion leaves.

180. The Word vatsalya is made from vatsa. For example, The cow has a determined and internal affection for her calf. On seeing the calf it gets immense pleasure. In the same way we should keep a sense of self respect towards every devotee.Vatsalya has a significant place. In fact love & vatsalya dissolves the juice of melody in life.

181. Just as dry tree in the desert cannot grow in a tree, so a man without love can never flourish. Love is the inner beauty of life. In the absence of love and vatsalya external beauty is meaningless. Love is the soul of life. One who does not have love, is simply a pile of bones surrounded by flesh.

182. Man is meant to love while money is meant to be used but people love money and use man.

183. One who treats others with love and vatsalya gets respect euerywhere. On the contrary one who hates others, despises others, himself is despised. Saint says stay together like water in milk and not like oil & water. The society whose people live in harmony with each other like Milk & water remains constantly progressive.

आत्ममन्थन

184. हे मित्र!

कहीं कली खिल रही थी वहीं पास में ही कोई फूल मुरझा रहा था। सच तो यह है कि हर कली का प्रस्फुटन केवल मुरझाने के लिए ही होता है जो कली आज

खिली है, उसको कल मुरझाना ही होगा। जो खिलती कली में उसके मुरझाने को देख लेता है, वही सच्चे अर्थों में प्रज्ञा को उपलब्ध होता है।

185. हे मित्र!
खिलती कली में मुरझाना देखा। क्या पता कब किसके जीवन की कली मुरझा जाये, इस खिली हुई कली के सदुपयोग की कला सीख लो, यही कला जीवन जीने की कला है। यह कला केवल वे ही सीख पाते हैं जो तत्त्व चिन्तन (अनुप्रेक्षा) को प्राप्त कर लेते हैं।

186. हे मित्र!
हमेशा छोटी-छोटी गलतियों से बचने की कोशिश करना चाहिए क्योंकि इन्सान पहाड़ों से नहीं छोटे-छोटे पत्थरों से ठोकरें खाता है।

187. हे मित्र!
ज़िन्दगी में अच्छे लोगों की तलाश मत करो, खुद अच्छे बन जाओ। आपसे मिलकर शायद किसी की तलाश पूरी हो जाये।

188. हे मित्र!
बुराइयाँ जीवन में आयें उससे पहले उन्हें मिट्टी में मिला दो अन्यथा वे आपको मिट्टी में मिला देंगी।

SELF BRAINSTORMING

184. The bud was blooming somewhere. A flower was withering nearby. The reality is that that future of every bud is only to wither away. If the bud is blossoming today, it will have to wither tomorrow. The truth is that the person who sees the form of this withering in the blooming bud, knowledge becomes available to him in the true sense.

185. The blossom and withering of the bud is sure. Do not know when the bud of your life will wither, so learn theart of

using this blossomed bud and this art is the art of living life. This art become available to Pragya or who recognize the impermanence nature of the world.

186. We should try to avoid small mistakes because man stumbles not from mountains but from small stones.

187. Don't look for good people in life. Be good yourself. May be someone's search will be completed by meeting you.

188. Before the evils come to life, mix them in the soil (Remove them), otherwise they will mix you in the soil (will destry you).

सच्चरित्रता

189. हे मित्र!
जड़ सम्पत्ति को मत देखो, निजी सम्पत्ति को निहारो, मनुष्य के जीवन में यह बड़ी विचित्रता है। यह धन वैभव के पीछे सारी ज़िन्दगी पागल रहता है पर अपने भीतर के गुण वैभव का उसे पता नहीं चलता। धन वैभव को नहीं, गुण-सम्पदा को देखो यही तुम्हारा है।

190. हे मित्र!
जीवन की सुन्दरता इस बात में नहीं है कि आप कितने खुश हैं। बल्कि सुन्दरता इस बात में है कि आपसे कितने लोग खुश हैं।

191. हे मित्र!
चरित्र की सम्पत्ति सबसे बड़ी दौलत है, जो दुनिया के समस्त वैभव से बढ़कर है यदि चरित्र निर्माण न हुआ तो सारे रचनात्मक कार्यक्रम व्यर्थ हैं।

192. हे मित्र!
प्रलय आने पर समुद्र भले ही अपनी मर्यादा छोड़ देता है किन्तु सज्जन, सन्त पुरुष महा विपत्ति आने पर भी अपनी मर्यादा नहीं छोड़ते।

GOOD CHARACTER

189. Do not look at the material property, look at your personal property. It is the great oddity of a man's life that he remains mad all his life behind wealth. He does not look at the virtue of wealth lying within him. Look at your internal wealth of qualities and not physical wealth.

190. The beauty of life is not in the fact that how happy you are, but the beauty is in the matter of how many people are you happy.

191. The character's property is the biggest wealth that is more than the whole world's glory. If character building is not done then all creative work is in vain.

192. The sea may give up its limits when the catastrophe comes, but gentlemen and saintly men do not leave their limits even when the great calamity comes.

सत्य

193. हे मित्र!
जिसके हृदय में सत्य के प्रति प्रगाढ़ निष्ठा होती है वही सत्याचरण करता है, जो सत्याचरण करता है वही अपने जीवन का वास्तविक अर्थ में कल्याण कर सकता है। जीवन में सत्य निष्ठा के पश्चात् ही सत्याचरण प्रारम्भ होता है।

194. हे मित्र!
आईना और परछाईं जैसे मित्र रखो क्योंकि आईना कभी झूठ नहीं बोलता और परछाईं कभी साथ नहीं छोड़ती।

TRUTH

193. Whose heart has a strong devotion to truth, he conducts truthfulness. He who conducts truthfulness, only he can do welfare of his life in the real sense. Satyacharan begins only after true devotion in life.

194. Keep friends like a mirror and a shadow because a mirror never lies and a shadow never leaves you.

आत्मविश्वास

195. हे मित्र!

आप अपने समय, श्रम व शक्ति तीनों को व्यवस्थित कीजिए। बाधाओं का जंगल कितना भी बीहड़ हो, आत्मविश्वास के सहारे सहजता से पार किया जा सकता है। श्रम, लक्ष्य और आत्मविश्वास के सहारे तो एवरेस्ट पर भी पहुँचा जा सकता है। यह आत्मविश्वास के कारण है।

SELF-CONFIDENCE

195. Organize your time labour and power. No matter how the forest of obstacles is, it can definitely be over come with the help of sticks of confidence. Labour, goal and confidence is needed to reach at the top whether it is of everest or life.

व्यावहारिकता

196. हे मित्र!

आप लोगों के लिए जब तक अच्छे हो जब तक आप उनकी उम्मीदों को पूरा कर रहे हो और सब लोग तब तक अच्छे हैं जब तक आप उनसे कोई उम्मीद नहीं करते।

197. हे मित्र!

दुःख और तकलीफ वह प्रयोगशाला है जहाँ पर आपकी काबिलियत और आत्मविश्वास को परखा जाता है।

198. हे मित्र!

असत्य अविश्वास का प्रथम कारण है, खोटी वासना का घर है, उन्नति को रोकनेवाला है, विपत्ति का कारण है, दूसरों को ठगने में प्रेरित करनेवाला है, अपराध है, अतः बुद्धिमान असत्य से दूर रहे।

PRACTICALITY

196. You are good to people as long as you are fulfilling their expectations and everyone is good as long as you do not expect anything from them.

197. Sorrow and sufferings are the laboratory where your ability and confidence is tested.

198. Falsehood is the first cause of unbelief. It is the house of false lust, Inhibiting progress, cause of calamity and is tempting to cheat others. It is a crime. So the wise persons should stay away from falsehood.

दान

199. हे मित्र!

सच्चा दान वही है जिसका प्रचार न किया जाये और सच्चा इन्सान वही है जो बिना बोले जरूरतमन्द के काम आये।

DONATION

199. True charity is that which is not promoted and a true person is the one who helps the needy without speaking.

गाम्भीर्य

200. हे मित्र!

ऊँचाई सदैव गहराई सापेक्ष होती है। पेड़ उतना ही बढ़ता है, जितनी उसकी जड़ें गहराती हैं। हम ऊँचे आसमान में तो जाना चाहते हैं पर जमीनी हकीकत भुला देते हैं। आचरण की जितनी गहराई होती है जीवन में उतनी ही प्रतिष्ठा बढ़ती है। ऐसी व्यावहारिकता को तिलांजलि दीजिए जो ऊपर से तो मधुर लगती है पर अन्दर कडुवाहट घुली रहती है।

SERIOUSNESS

200. Height is always relative to depth. A tree grows as long as its roots deepen. We want to go high in the sky, but forget the ground reality. The greater the depth of conduct, the greater the prestige in life. Give up such practicality which seems sweet from above but bitterness remains dissolved inside.

प्रसन्नता

201. हे मित्र!
दुनिया में असफल वह नहीं जिसके पास बंगला न हो, दौलत न हो, दुनिया में असफल वह है जो इन सबको पाने के बाद भी प्रसन्नता को नहीं पा सका। बंगलों की देखरेख आसान है, धन पैसा जोड़ लेना बहुत सरल है लेकिन इन सबको पाने के बाद भी प्रसन्नता को नहीं पा सका, सुख की श्वाँस नहीं ले सका। ध्यान रखना कार बंगलों की व्यवस्था करना सरल है लेकिन अपने मन की प्रसन्नता को बनाये रखना बहुत कठिन है। अतः प्रतिष्ठा नहीं प्रसन्नता को अपने जीवन का साध्य बनाइए।

202. हे मित्र!
दुनिया में सिर्फ दिल ही है जो बिना आराम किये काम करता है इसलिए उसे खुश रखो चाहे वो अपना हो, या अपनों का।

HAPPINESS

201. Failure in the world is not the one who does not have a car bungalow or wealth. Unsuccessful in the world is one who could not get happiness even after getting all these. Keep in mind it is very easy to maintain a car and bungalow and even to add money but it is very difficult to maintain the happiness of mind. Therefore make happiness the goal of your life and not your reputation.

202. There is only heart in the world which works without rest, so keep it happy, whether it is yours or your loved ones.

सकारात्मक चिन्तन

203. हे मित्र!
मन में सदैव अच्छे विचार और अच्छे अहसासों को ही जगह दीजिए जिससे मस्तिष्क में सदैव पोजिटिव तरंगों का उदय हो।

POSITIVE THINKING

203. Always give place to good thoughts and good feelings in the mind, so that positive waves always rise in the brain.

सफलता

204. हे मित्र!
सिर्फ आसमान छू लेना ही कामयाबी नहीं है, असली कामयाबी तो वह है कि आसमान भी छू लो और पाँव भी जमीन पर हो।

SUCCESS

204. Success is not just touching the sky. The real success is that you touch the sky and your feet are on the ground.

सद्विचार

205. हे मित्र!
दवा जेब में नहीं, शरीर में जाये तो असर होता है, वैसे ही अच्छे विचार मोबाइल में नहीं जीवन में जायें तो असर होता है।

GOOD THOUGHT

205. If the medicine goes into the body, not in the pocket, there is an effect. In the same way, if good thoughts go to life, not to mobile, then there is an effect.

पुण्य

206. हे मित्र!
मैंने धन से कहा कि तुम एक कागज के टुकड़े हो, धन मुस्कराया–बिल्कुल मैं एक कागज का टुकड़ा हूँ पर मैंने आज तक कूड़ेदान का मुँह नहीं देखा। सोचो! जड़ धन का राग कहाँ तक ले जायेगा। जीवन धन को समझो।

207. हे मित्र!
सोचो! तुम्हारे पास जो भी दौलत है, जितनी भी शोहरत है, क्या यह तुम्हारी है? किसकी है? ईमानदारी से बोलो तो ये सब पुण्य कर्म की धरोहर है। किसी की धरोहर को अपना मानकर उस पर अभिमान करना कौन सी बुद्धिमत्ता है? यह अज्ञानता का परिचय नहीं अपितु तुम्हारी मूर्खता की पहचान है।

VIRTUE

206. I told Money that you are a piece of paper, Moneysmiled–I am a piece of paper, but till date I have not seen the face of the dustbin. Think how far the passion of root wealth will take you, understand the wealth of life.

207. Think whatever wealth you have, whatever fame you have, whether it is yours. whose is it? Speak honestly, this is the heritage of all virtuous deeds. What is the wisdom to take pride in someone's heritage as your own? This is not an introduction to ignorance, but a recognition of your stupidity.

प्रज्ञाशीलता

208. हे मित्र!
बुद्धि खाने से नहीं बढ़ती, बुद्धि तो उपयोग करने से बढ़ती है। जितना उपयोग करोगे यह बुद्धि उतनी ही आगे बढ़ेगी। बुद्धि तो लोहे की तरह है उपयोग करोगे तो काम आयेगी और उपयोग नहीं तो जंग लग जायेगी।

209. हे मित्र!
बुद्धि हमेशा तीक्ष्ण करते रहो। बुद्धि तो पेंसिल है जितना छीलोगे उतना यह पेंसिल नये-नये चित्र बनायेगी और छीलोगे नहीं तो फिर पड़े रहो। यह तो बुद्धि है। यूज करोगे तो न्यूज बनेगी।

INTELLIGIBILITY

208. Wisdom does not grow by eating. Wisdom grows by using it.The more you use it, this intellect will only go further. Wisdom is like iron. If you use it, it will work and if you do not use it, it will rust.

209. Always keep sharpening your intellect. Your intellect is a pencil, the more you peel it, the more you will make new pictures, and if you do not peel it, keep lying around. This is intellect. If you use then news will be made.

निस्पृहता

210. हे मित्र!

जब मनुष्य के चित्र-क्षितिज पर आकिंचन्य का सूर्योदय हो जाता है तब उसकी मानसिकता परम पवित्र हो जाती है। दूरदराज तक फैली वस्तुओं का वह मालिक नहीं ज्ञाता द्रष्टा होता है।

INNOCENSE

210. When a person's picture horizon of Aakinchanya rises, then his mentality becomes supremely pure. The things spread far and wide have no owner, the knower is the seer.

लोकप्रियता

211. हे मित्र!

तुम हमेशा ऐसी चीजें लिखकर जाओ कि आने वाला कल तुम्हारे पदचिह्नों का अनुसरण कर सके। या तो अपनी ज़िन्दगी में सौ किताबें लिख जाओ ताकि ये दुनिया तुम से प्रकाश पा सके या फिर ऐसी महान ज़िन्दगी जी जाओ कि लोग तुम पर सौ किताबें लिख सकें। अपने टेलेंट को, अपनी प्रतिभा को ऐसा जरूर बना लो।

POPULARITY

211. You always write such a thing that tomorrow can follow in your footsteps. Either write 100 books in your life so that this world can get light from you or else live such a great life that people can write a hundred books on you. Make your talent like your talent.

❐❐